# NO NOS DA LA VIDA

# BSO laboralista

«A la huelga», Chicho Sánchez Ferlosio
«Círculos viciosos», Chicho Sánchez Ferlosio
«La paloma de la paz», Chicho Sánchez Ferlosio
«Severino el sordo», Labordeta
«Pirotecnia barata», Joan Colomo
«El Bernat i la Maria», Joan Colomo
«¿De qué se ríe?», Mario Benedetti
«A desalambrar», Daniel Viglietti
«La Balanguera», Maria del Mar Bonet (poema de Joan Alcover)
«El ball de la civada», canción popular
«9 to 5», Dolly Parton
«Sixteen Tons», Tennessee Ernie Ford
«Todos los días lo mismo», Ladilla Rusa
«Milho verde», José Afonso

LAURA CAMPS DE AGORRETA

# NO NOS DA LA VIDA

## CÓMO EL TRABAJO DEVORA NUESTRO TIEMPO Y QUÉ PODEMOS HACER PARA RECUPERARLO

BRUGUERA

Papel certificado por el Forest Stewardship Council®

MIXTO
Papel | Apoyando la silvicultura responsable
FSC® C117695
FSC www.fsc.org

Penguin Random House Grupo Editorial

Primera edición: septiembre de 2025



*Printed in Spain* – Impreso en España

ISBN: 978-84-02-43019-9
Depósito legal: B-9.973-2025

Compuesto en Comptex&Ass., S. L.
Impreso en Huertas Industrias Gráficas, S. A.
Fuenlabrada (Madrid)

BG 3 0 1 9 9

*Ojalá todas tuviéramos un giratiempo para poder hacer lo que realmente queremos en vez de estar trabajando.*

*Per a la iaia i per a les seves besnetes*

# Nota de la autora para su editora antes de empezar

La patronal no quiere reducir la jornada laboral porque ellos no trabajan. Solamente se enriquecen con la explotación de la clase obrera y con las rentas del capital.

Qué difícil es, ¡joder! Qué difícil es escribir un libro sobre la reducción de la jornada laboral sin la reducción de la jornada laboral. Qué difícil es escribir sobre el tiempo que nos falta faltándonos tiempo. A lo evidente de que falta tiempo, se le añade que, como falta tiempo, no hay cómo ponerse a escribir que falta tiempo. Y, por último, qué difícil es escribir, en general, sobre cualquier cosa, siendo madre de clase trabajadora. Qué difícil es estar sola en casa y tener una habitación propia con toda la documentación esparcida por el suelo, y poderla consultar, y poder concentrarte y tomarte un café mientras miras tus esquemas. ¿Qué digo difícil? Es imposible. En vez de eso estás condenada a ir arriba y abajo con toneladas de libros para luego no llevar nunca encima el que necesitas consultar, a esparcir y recoger mapas de ideas constantemente, a saberte de memoria los horarios de las bibliotecas, a intentar ser un robot que conecta y desconecta con el momento idóneo de la concentración, a tener el Drive en el móvil y apuntar ideas, frases y cosas en posición horizontal, con una hija dormida encima. Como dice mi amiga Marta: «Los libros de las mujeres y las clases populares se escriben caminando, cocinando, ordenando, meando, lavando, bebiendo. Solo los libros de los hombres blancos y burgueses se escriben en el despacho, con whisky y puro. Y ya sabemos que esto no está bien».*

* Conversación de WhatsApp con Marta Vallejo Herrando el 28 de septiembre de 2024.

# ¡Por fin lunes!

> Una extraña pasión invade a las clases obreras de los países en que reina la civilización capitalista; una pasión que en la sociedad moderna tiene por consecuencia las miserias individuales y sociales que desde hace dos siglos torturan a la triste humanidad. Esa pasión es el amor al trabajo, el furibundo frenesí del trabajo, llevado hasta el agotamiento de las fuerzas vitales del individuo y de su progenitura.
>
> Paul Lafargue, *El derecho a la pereza*[1]

## La vida de pueblo

Este verano ha sido el primer verano sin mi abuela paterna. Mi abuela nació en un pequeño pueblo aragonés en el que veraneé prácticamente todos los años, hasta los veinte. Luego dejé de ir, supongo que tenía la sensación de que ya había agotado todas las aventuras que podía vivir allí y, ante el temor de aburrirme y dejar de idealizar aquellos veranos, decidí no volver, sin más. Sin avisar. Sin dar explicaciones. Sin mirar atrás. Creo que también había un gran componente esnob, aspiracional, de clase media. «Ahora lo que quiero es viajar, conocer nuevos mundos y no volver siempre al mismo lugar», me decía. El pueblo se me quedaba pequeño. Qué pedazo de idiota. Pero así somos vistas con el tiempo: radicalmente bobas o radicalmente geniales.

Volví puntualmente, algún otoño a buscar setas, algún fin de semana para atender compromisos familiares, porque ya se sabe, en el pueblo todas somos primas. Incluso volví alguna primavera con amigas. Pero volver volver, lo que se dice volver, en pleno agosto, en el momento de máximo apogeo del pueblo, no volví hasta que fui madre. La excusa que me inventé fue que mi abuela tenía derecho a presentar a su bisnieta a todas sus primas, sus amigas, incluso a las que le caían mal.

Nunca lo hablamos, pero de algún modo debió de ser triste que su nieta la mayor, la niña a la que había cuidado todos los veranos (y toda su vida prácticamente, como todas las abuelas de los setenta, ochenta y noventa), la que iba a verla cada año con la ilusión más grande, la que tanto disfrutó, de pronto no quisiera volver más. Digo que de algún modo debió de ser triste porque mi abuela era de ese tipo de personas que no se permiten el lujo de entristecerse por cosas como esta, o bueno, más que ser así, le tocó ser así.

## Mi abuela

A mi bisabuelo lo mandaron a casa a morir de la tuberculosis que pilló en la cárcel de Valladolid, donde el franquismo lo encarceló por progresista (por formar parte de la cooperativa agrícola del pueblo). Mi bisabuela se quedó viuda con un hijo, una hija y un bebé, en un pueblo de esos en que los vecinos les rapaban la cabeza a las mujeres de los rojos (que estaban en la cárcel o muertos) y a los hijos del bando perdedor les tiraban piedras. Mi abuela trabajó cuidando de las ovejas desde pequeña. Solía contar que, en la escuela nacional franquista, a las niñas y niños de los rojos los ponían siempre al final de la clase, para que supieran que eran peores, que estaban castigados. En aquella casa de los años cuarenta, de autarquía, miseria y racionamiento,[2] se trabajaba desde que se podía y aun así no llegaban. Mi bisabuela se volvió a casar, como Colometa en *La plaça del Diamant*, pero no tuvo tanta suerte; mi bisabuela se casó con un desgraciado. Así que mi abuela, en cuanto pudo, se largó. Igual que sus hermanos.

Una vez en Barcelona, con 14 años, mi abuela entró a servir en una casa (sobra decirlo, una casa burguesa). Siempre contaba que eran unos avariciosos y unos tacaños (unos explotadores) y que por mucho que ella trabajase le pagaban fatal. O hacía más horas de las que le tocaban y no se las pagaban (parecería que la riqueza de los más ricos se construye sobre la explotación de las más pobres por los siglos de los siglos). Así que en cuanto tuvo un poco de ahorro se buscó otra casa. Cuando no hay ilusión, la ilusión es irse a otra parte, a un lugar mejor. Al poco tiempo entró en la casa en la que serviría hasta casarse.

Cuidaba de la pequeña de la familia y aprendía recetas riquísimas de la cocinera de la casa. Lo sé porque mi abuela cocinaba increíblemente bien, como tantas abuelas, y a menudo nos contaba la historia de cómo había aprendido aquella receta en la casa donde servía. En verano la familia se trasladaba a su residencia en el Maresme, y mi abuelo iba en tren los domingos por la tarde a ver a mi abuela. Ella siempre contaba que, mientras destendía la ropa al sol de agosto, la señora le decía: «Niña, ha venido el chico a verla». Un día mi abuela enfermó del pulmón; una enfermedad laboral, pues se la contagió la pequeña de la familia, que estaba muy enferma y solo quería estar con ella. Aquella familia era muy creyente y pagaba todo el año una cama en una clínica para los pobres, así que la mandaron allí, donde la operaron y estuvo recuperándose. Mi abuelo iba a verla a la clínica. Nadie más lo hacía, su familia estaba a muchos kilómetros. Cuando le dieron el alta, se casaron.

Mi abuela y mi abuelo se conocieron en el Salón Cibeles de Barcelona, «el baile de las criadas»,[*3] una tarde de jueves o de domingo, eso no lo sé. A mi abuelo le encantaba bailar, a mi abuela no, la verdad, pero lo debió de ver guapo, porque aceptó su invitación. A la hora de volver, mi abuelo le pidió dinero para regresar a su casa en tranvía y mi abuela le dijo que ni hablar, que a ella le costaba mucho esfuerzo ganarse cada peseta y que él tenía unas

* El Salón Cibeles tenía una pintura de la fuente de Cibeles, en Madrid, a la altura del escenario. Quedaba detrás de la banda mientras tocaban. Abría los jueves y los domingos, así que se popularizó entre las trabajadoras de servicio doméstico, que en Barcelona solían librar los jueves por la tarde, de ahí que se lo conociera como «el baile de las criadas».

estupendas piernas para volver caminando a casa (bueno, así es como me imagino yo la conversación). Siento un tremendo orgullo al pensar en mi abuela diciéndole a un tipo que acababa de conocer que ni hablar del peluquín. Orgullo de clase, y orgullo feminista también.

Mi abuela se casó y formó la familia nuclear en versión clase obrera prototípica del capitalismo en general y, en este caso, del franquismo en particular; es decir, con el jefe de familia con un trabajo productivo fuera de casa, el ángel del hogar cargando con todo el trabajo doméstico y contribuyendo a la economía productiva con pequeños trabajos desde casa (qué antiguo es el teletrabajo), los hijos escolarizados y familiares a cargo que se iban sumando en función de la situación (al principio estaba el padre de mi abuelo, que falleció; luego llegó el hermano de mi abuela, el tío Pepe; terminó yéndose también a vivir con ellos mi bisabuela, bastantes años después). Que me pierdo... Desde que se casó y formó la familia nuclear, mi abuela iba todos los veranos al pueblo. Primero mandaba a mi padre (el mayor de sus hijos) con mi bisabuela y, luego, cuando mi abuelo empezaba sus vacaciones, subía el resto. Después ya empezó a subir ella con los niños, y más tarde se les unían mi abuelo y el tío Pepe. Desde la jubilación de mi abuelo, subían después de Sant Joan y se quedaban todo el verano, hasta La Mercè.*

* Sant Joan es el 24 de junio y marca simbólicamente el inicio del verano (que astronómicamente empieza el 21 de junio). La Mercè, la patrona de Barcelona, se celebra el 24 de septiembre y marca simbólicamente el fin del verano en la ciudad (que astronómicamente termina el 23 de septiembre).

## Mi abuelo

Mi abuelo era carpintero. Ese era su oficio, pero también parte de su identidad, que le acompañaría toda la vida, también en la jubilación. La escritora, filósofa e investigadora británica Helen Hester explica detalladamente en su ensayo *Después del trabajo*, donde reflexiona sobre cómo construir un mundo poslaboral justo y ecosostenible, como el jefe de familia es en realidad un invento muy reciente, de la industrialización capitalista. Antes de eso, todos los miembros de una familia y más allá (primas, vecinas, gente que vivía junta) participaban en todas las tareas, incluidas las domésticas y de cuidados. Es más, estas tareas solamente ocupaban un 30 % del trabajo de las mujeres. Cuando el capitalismo movió a toda la clase obrera (niñas y niños también) a trabajar a las fábricas, al volver a casa ya nadie tenía tiempo ni energía para el trabajo doméstico. A esto se le sumó una crisis reproductiva, y la solución fue que las mujeres casadas dejasen de ir a la fábrica a trabajar a cambio de un salario para quedarse en casa trabajando a cambio de nada. Es decir, gestando, pariendo, criando, cuidando y haciendo ellas solas todo el trabajo doméstico que antes se hacía en común. Cuenta también Hester que a finales de siglo «la participación de las mujeres blancas en las fuerzas de trabajo cayó del 38,4 % al 2,5 % una vez que se habían casado»[4] y añade que «se estaba materializando una separación formal entre el mercado y el hogar».

Mi abuela sirvió a jornada completa en casas burguesas hasta que se casó; a partir de entonces teletrabajó desde casa cosiendo bolsos mientras atendía el trabajo doméstico. En cambio, la bisabuela de mi novio emigró de Murcia a Sabadell huyendo de un marido maltratador, encontró trabajo en la industria textil y se trajo a sus dos hijas. Trabajó toda su vida en la fábrica, porque no había jefe de familia en esa casa. No dejó ese empleo hasta que le dieron una incapacidad permanente por un accidente laboral. Su hija pequeña, la abuela del susodicho novio, dejó de trabajar en cuanto se casó, que fue muy pronto. Un tristísimo accidente laboral la dejó viuda y entonces tuvo que ponerse a trabajar, porque no había jefe de familia. Donde sí había jefe de familia era en casa de las Vallejo,[5] y ese cabeza de familia tenía una fábrica de la industria textil en el Poblenou, Barcelona. Su esposa era modista y trabajaba desde casa cosiendo vestidos increíbles para grandes diseñadores. Eran el abuelo y la abuela de mi amiga Marta Vallejo. En realidad, esta sea seguramente la historia de la mayoría de los hogares urbanos en España. El modelo del jefe de familia en versión proletaria: heterosexual, con el hombre asalariado fuera de casa y la mujer haciendo trabajillos desde casa. Marx y Engels ya avisaron de que este modelo solamente lo podría desarrollar al 100 % la burguesía, ya que la clase obrera nunca llegaría a fin de mes con un único salario. Y, sin embargo, todos se aferraron a esta gran idea: los varones y los sindicatos, compuestos sobre todo por varones, que la usaron como argumento para luchar por la subida del «salario familiar».

A mi abuelo lo jubilaron anticipadamente. Ya no servía. Era demasiado mayor para tanto trote. Tenía demasiada antigüedad y había que pagarle más. Ya había respirado demasiado serrín (mi abuelo falleció de enfermedad laboral, de la insuficiencia respiratoria que le generó trabajar durante tantos años sin la protección adecuada; solamente le funcionaba el 30 % de un pulmón). Mi abuelo se deprimió. No se deprimió con estas palabras, claro, porque para la clase obrera nacida en los años veinte no existía la depresión,* pero sí, estaba deprimido, ya no servía, había perdido su identidad. Su identidad de jefe de familia. Su identidad de trabajador. Su identidad de carpintero.

Que nuestra identidad esté tan ligada a un oficio, al trabajo que realizamos, tiene bastante sentido, puesto que dedicamos al trabajo casi la mitad del día y cinco días a la semana, que en el caso de mi abuelo eran seis porque hasta 1983 la jornada laboral era de 48 horas. Tiene bastante sentido, pero también es una victoria de un sistema al que le interesa que no tengamos más identidad que la de trabajadoras. Siempre he pensado que, justamente porque nuestra identidad está tan ligada a nuestro trabajo, hay tantas mujeres que al devenir madres se ponen en su bio de Instagram «madre», porque descubren una nueva identidad, descubren que en realidad no eran solamente aquellas que el engranaje capitalista les había hecho creer (fresadora, periodista, peluquera, cajera, oculista), ahora también son madres, su nueva identidad. Al romper con el monopolio de la identidad profesional, se abre en realidad un abanico de identidades y la posibilidad de soñar otras vidas. A mi abuelo le pasó algo similar: dejó de ser el carpintero jefe de familia para pasar a ser uno de los cuidadores principales de su primera nieta.

* Y a pesar de ello, en 1929 llegó la Gran Depresión.

Se volcó en esa nueva identidad y lo dio todo, y tengo que decir que, como parte implicada en el asunto, salí enormemente beneficiada.

## El trabajo

Si le preguntas a ChatGPT-4 qué es el trabajo,[6] te dará seguramente una respuesta parecida a la que me da a mí, pero un poco distinta. Porque el algoritmo sabe. Sabe quiénes somos, qué pensamos, lo que queremos leer y lo que no queremos leer. Sabe que si nos da la razón volveremos. Si nos contradice, nos genera dudas, nos molesta con sus argumentos, tardaremos más en volver. Quizá no volvamos. El algoritmo nos quiere tener. Somos suyas. Trabajamos para él. ¿Que qué es el trabajo, me preguntas? El trabajo eres tú, respondería, si pudiese. En lugar de eso, me dice: «El trabajo es una actividad que las personas realizan para obtener un beneficio, generalmente económico [...] En términos más amplios, el trabajo no solo se refiere a una actividad remunerada, sino también a cualquier esfuerzo dirigido a lograr un fin, como el trabajo doméstico, el trabajo voluntario o el trabajo creativo». Hasta aquí es una respuesta para todos los públicos, pero a continuación añade: «Para Karl Marx, el trabajo es una forma en que los seres humanos transforman la naturaleza para satisfacer sus necesidades, pero también puede ser una fuente de alienación en el sistema capitalista».

Viendo que la cosa se pone interesante, me aventuro a preguntarle las razones objetivas por las que trabaja la gente,[7] y enumera 10. La primera es la siguiente: la «Satisfacción de necesidades básicas (supervivencia): El trabajo es la principal forma de obtener ingresos, lo que permite a las personas cubrir necesidades fundamentales como alimentación, vivienda, ropa, salud, educación. El dinero ganado a través del trabajo se utiliza para garantizar estas necesidades básicas de vida».

Finalmente le pregunto: «¿Crees que las personas trabajarían si el Estado garantizase sus necesidades básicas y el acceso a beneficios sociales?».[8] Rápidamente me contesta: «Es probable que muchas personas siguieran trabajando, pero las razones para hacerlo cambiarían. El trabajo se convertiría menos en una obligación para sobrevivir y más en una forma de realización personal, contribución social o búsqueda de pasiones individuales» y añade un desarrollo en 10 puntos (porque le encanta responder en 10 puntos). Destacaré un par: «Sin la presión de trabajar para sobrevivir o cubrir las necesidades básicas, es probable que algunas personas optaran por trabajar menos, dedicando más tiempo a actividades no remuneradas» y «Garantizar las necesidades básicas podría reducir el estrés y la ansiedad relacionados con la inseguridad económica».

España fue pionera en Europa en conseguir la jornada laboral de 8 horas (durante 6 días, 48 horas semanales). La consiguieron los trabajadores y trabajadoras de La Canadenca, liderados por Salvador Seguí, el Noi del Sucre, en 1919, después de una larguísima huelga de 44 días. Anteriormente, las jornadas laborales en la industria solían durar hasta 12 y 14 horas. A Salvador Seguí[9] lo asesinaron en 1923 los pistoleros de la patronal catalana. La República redujo la jornada laboral a 44 horas semanales en 1931, pero el franquismo volvió a las 48 horas. En 1983 se aprobaron las 40 horas semanales, medida que entraría en vigor el 1 de enero de 1984. Cuando se publique este libro, si todo va bien, España habrá aprobado las 37,5 horas de jornada laboral máxima por ley. Si no fuera el caso, suelta el libro y a las barricadas.

En 1856, en Melbourne, Australia, los trabajadores de la construcción de edificios institucionales hicieron una huelga para reclamar la reducción de la jornada laboral de 12 a 8 horas sin pérdida de salario. La huelga fue un éxito, se convirtieron en el primer colectivo del mundo en conseguir la jornada laboral de 8 horas y sirvieron de inspiración para el resto de trabajadoras y trabajadores. El 1 de mayo de 1886, los trabajadores de Estados Unidos iniciaron una huelga para reclamar la jornada de 8 horas. Las protestas se concentraron especialmente en Chicago, un importante polo industrial. Tras la explosión de una bomba en las protestas, la policía empezó a disparar, asesinando a diversos manifestantes. Varios líderes sindicales fueron detenidos, acusados sin pruebas de ser los responsables de la violencia, y condenados a pena de muerte o a cadena casi perpetua. Se les conoce como «los mártires de Chicago» y, desde 1889, el 1 de mayo se conmemora el Día Internacional del Trabajo* en memoria de quienes lucharon por mejorar las condiciones laborales de la clase obrera.

En enero de 1912, las trabajadoras de las fábricas textiles de Lawrence, Massachusetts (Estados Unidos), empezaron una de las huelgas más importantes de la histo-

* Excepto en Estados Unidos, donde se celebra el primer lunes de septiembre.

ria. Más de 20.000 trabajadoras, la mayoría mujeres y migrantes, se unieron a la huelga. El Gobierno había aprobado por ley la reducción de la jornada laboral, pero sus empleadores habían decidido reducirles el salario, un salario que ya era de por sí miserable. La huelga duró dos meses y la represión policial fue extremadamente violenta, pero finalmente ganaron. Consiguieron la reducción de la jornada, con un aumento salarial de entre el 5 % y el 25 % y el pago de las horas extraordinarias. Esta huelga es conocida como la Huelga de Pan y Rosas, ya que las trabajadoras se hicieron suya esta frase de la activista Rose Schneiderman.

## La prosperidad

En casa de mi madre hay un cartel del PSUC de 1977 en el que el sindicalista Luis Romero posa mostrando las palmas de sus manos, su herramienta de trabajo. En el cartel pone: MIS MANOS: MI CAPITAL. Tradicionalmente la clase obrera necesitaba salud para poder trabajar y necesitaba trabajar para tener dinero. Su capital eran sus manos, el tiempo no era un valor, porque para valorar el tiempo tienes que ser consciente de que lo tienes y la clase obrera nunca había sido dueña de su tiempo: antes de la Revolución Industrial porque las tareas domésticas requerían de una gran dedicación horaria, y con la Revolución Industrial porque las jornadas interminables en las fábricas les habían dejado sin tiempo. Si este cartel se actualizase, diría MI TIEMPO: MI CAPITAL, y en él saldría una mujer joven y racializada.

A la clase obrera no le parecía que el tiempo fuese un activo del que disfrutar porque no había estado socializada en el descanso, en el ocio, en el bienestar, en usar el tiempo para hacer actividades no productivas (remuneradas o no), así que daba por hecho que iba a echar horas. Las horas que hicieran falta. Las horas necesarias para ganar un sueldo, para salir adelante, para prosperar. No es que mi abuelo cobrase mucho por ser carpintero, o mi abuela por fabricar bolsos en casa con su máquina de coser, pero cobraban lo suficiente para prosperar. *Prosperar* es una palabra que ha desaparecido del vocabulario de hoy en día; ahora solo hay lugar para el éxito o el fracaso. Prosperar no existe. Cuando mi abuela y mi abuelo ponían sus manos (y mi abuelo, sus pulmones) y dedicaban muchas horas de su tiempo a trabajar, a cambio recibían lo suficiente. Lo suficiente para pagar las letras de un piso (no para comprar una segunda residencia, pero muchas familias de clase obrera sí lo hicieron y no eran ningunos especuladores), lo suficiente para pagar los billetes de tren a Francia e ir a ver a la familia de mi abuelo, lo suficiente para ir al pueblo de mi abuela. Lo suficiente para pagar el médico, para llevar a sus hijos a una escuela que no fuera nacional, para alimentar a cuatro bocas (a cinco no, esa tristeza del tercer hijo que no nació porque tuvo que abortar y de la que siempre me habló mi abuela con la dignidad de la clase obrera que se sabe clase obrera; «no nos lo podíamos permitir —me decía—, pero yo me lo habría quedado»). Sesenta años después, yo tampoco me puedo permitir una tercera hija.

La prosperidad para mi abuela y abuelo no era solamente ganar lo suficiente para sufragar sus necesidades materiales, era también el sueño del ascensor social para sus hijos. Trabajaban para que sus hijos tuvieran una vida mejor, mejores estudios, un empleo mejor, un mejor salario y mucho más tiempo. La prosperidad era también el sueño de un buen trabajo para toda la vida.

¿Cuántas de nuestras madres y cuántos de nuestros padres pasaron por un par de trabajillos antes de finalmente asentarse en un trabajo para toda la vida? Un trabajo en una fábrica, por ejemplo, en la industria farmacéutica, automovilística, alimentaria, tecnológica. En el funcionariado, la administración, la educación, la sanidad. En un despacho de abogacía, una gestoría, una autoescuela, una consultoría, una agencia publicitaria. En unos grandes almacenes, en la restauración, en la hostelería, en un comercio. Hay dos grandes razones para quedarse en un trabajo: la ilusión y el miedo. La ilusión de prosperar, la ilusión de la estabilidad, la ilusión de la subida salarial. Esas eran sus ilusiones. Estos son nuestros miedos: el miedo a no poder pagar el alquiler, el miedo al desahucio, el miedo a perder la custodia, el miedo a no llegar a fin de mes. El miedo.

Entonces me pregunto: si el salario apenas nos permite cubrir nuestras necesidades básicas, como la vivienda, los suministros y la alimentación, si trabajamos sin ilusión de prosperar, con miedo a una subida del alquiler, con temor a que nos llegue la próxima cuota de material escolar, sin tiempo libre en el que proyectar sueños, sin energía para materializarlos, ¿vale la pena trabajar tantas horas? La respuesta es siempre que no, que no vale la pena, nunca vale la pena. Puestas a no llegar a fin de mes, ¿qué pasaría si reducimos la jornada significativamente y seguimos sin llegar a fin de mes pero ganamos en tiempo y calidad de vida? Mi abuela y mi abuelo no solamente prosperaron, sino que además se aseguraron de que sus hijos vivirían mejor, con un mejor salario, en una casa más grande, con estudios. Creyeron en un ascensor social que funcionaba ¿Qué diría mi abuelo si supiese que sus hijos viven mejor que él pero que su nieta no? ¿Qué futuro queremos para nuestras hijas? ¿Un parque de vivienda de alquiler público del 35 % y una jornada laboral de 32 horas como máximo? ¿Muchas muchísimas más plazas públicas de FP? ¿Miles de kilómetros más de calles peatonales? Porque para conseguir todo eso hace falta luchar y para luchar hace falta tiempo.

# Eres pobre porque quieres

Afortunadamente mis jefes me conceden cuatro días de libertad condicional en los dos meses que voy a estar currando. Cuatro días de sesenta.

Ana Geranios, *Verano sin vacaciones: Las hijas de la Costa del Sol*[1]

A quienes tuvieron que abandonar su lugar y a quienes se quedaron como extraños en su propia tierra.

Ana Penyas, *Todo bajo el sol*[2]

## Yo solía llegar a fin de mes

Solía pagar el alquiler, la electricidad, el gas, el agua. Solía comprar frutas y verduras ecológicas, pan hecho con harinas ricas en el horno del barrio. Solía comprar vinos ricos en la bodega, café a granel, del bueno, cerveza artesana. Solía comprar quesos al corte, leche y yogures ecológicos. Solía ir a pilates, al teatro, al cine, a la piscina. Solía ir de vacaciones una vez al año. Solía comer helados artesanos, solía ir a unos cuantos conciertos, solía tomar algo después de los conciertos. Solía pagar la revisión dental anual, también la ginecológica. Cuando había un imprevisto, solía poder afrontarlo, con mis ahorros, como cuando se rompe el tambor de la lavadora y hay que comprar una nueva. Porque solía poder ahorrar.

Esa era mi vida de clase trabajadora en 2014.

Entre 2012 y 2014 hubo un momento en que los precios de la vivienda eran razonables, los alquileres no eran excesivos y los pisos se vendían por una quinta parte de lo que cuestan ahora. Recuerdo perfectamente en mi barrio dos pisos viejos, que costaban unos 60.000 € cada uno. Alguien con dinero los compró, los reformó y los vendió, varios años después, por más de 300.000 € cada uno. Y si se los hubiese quedado, ahora estaría cobrando por ellos 1.500 € de alquiler mensual, pese a que eran un segundo y un cuarto sin ascensor. Me apunté a la bolsa de alquiler del ayuntamiento, nunca me tocó. Miraba en los portales inmobiliarios los precios de los pisos y pensaba «qué pena que no tenga yo ni para pagar la entrada de ese piso de 60.000 €, ni para arreglarlo».[3]

La subida de los precios de los alquileres nos pilló un poco como si fuésemos caracoles y nos fueran a hervir antes de cocinarnos en un sofrito de tomate. Primero llueve y salimos a pasear, luego viene alguien y nos mete en una jaula donde nos deja sin comer ni beber durante muchos días (esto sería la crisis financiera de 2007-2008). Finalmente, un día nos meten en un gran cazo lleno de agua a temperatura ambiente, donde, después de tanto tiempo enjauladas, estamos a gustito. Poco a poco la temperatura irá subiendo y, cuando nos demos cuenta de que nuestra vida corre peligro, será demasiado tarde.

De 2014 a 2017, el precio del alquiler en Barcelona subió un 45 %. En mayo de 2014, el precio medio del metro cuadrado era de 11 €/m$^2$, en mayo de 2017 era de 16 €/m$^2$. A pesar de un ligero descenso de los precios debido a la caída de la demanda durante la pandemia, en diciembre de 2024 el precio del metro cuadrado[4] de alquiler en Barcelona se situó en 23,4 €. Es decir, en Barcelona los precios de los alquileres han subido un 70 % en diez años[5] y en la gran mayoría de ciudades españolas, un 30 % de media.[6] Y nosotras somos caracoles atrapados en la marmita de la especulación inmobiliaria, que nos está hirviendo para comernos mejor.

La llegada de la pandemia trajo el miedo. Miedo a la enfermedad, miedo a la muerte, miedo a los demás. El miedo a quedarse sin trabajo, a no poder pagar el alquiler ni los suministros. El miedo a no llegar a fin de mes. El miedo a vivir en cajas de cartón. En pisos sin terraza, sin balcón, sin luz natural, sin ventilación, sin cédula de habitabilidad. El miedo a las niñas y los niños, esos seres tan peligrosos que tenían que estar encerrados en sus cajas de cartón porque eran peligro mortal.[*7] El miedo es un ingrediente fundamental para hacer crecer y enraizar la precariedad.

* Durante el confinamiento, las niñas y los niños no pudieron salir a la calle desde el 15 de marzo de 2020 hasta el 27 de abril de 2020. Las personas adultas podían salir a hacer la compra, por ejemplo, y también a pasear al perro. Como consecuencia, tuvo lugar el siguiente fenómeno: una vez pudieron salir de casa, no querían salir por miedo al virus.

Un día, aproximadamente un año después del confinamiento inicial, mi madre me comentó mientras conducía: «Hemos tenido suerte con esta pandemia, ya que el virus ha resultado ser más peligroso cuanto mayor eras. Habría sido terrible si, en vez de ser así, hubiera sido un virus que atacase prioritariamente a niñas, niños y adolescentes. No sé si tendremos tanta suerte con la próxima pandemia». Mi madre hablaba de la pandemia como un aviso de la Tierra para que dejemos de destruirla y, como deducía que no le haríamos caso, preveía otra pandemia. Me quedé helada imaginando una pandemia que matase a tantos menores de 20 como mayores de 80 mató la covid.

Con la pandemia, miles de personas trabajadoras perdieron su empleo y otros miles tuvieron que ir a trabajar sin las condiciones adecuadas de protección y prevención. Enfermeras, doctoras, repartidoras a domicilio, trabajadoras de residencias, empleadas de supermercados, cuidadoras, limpiadoras, celadoras. Profesoras impartiendo el temario online de forma improvisada a niñas y niños cuyos padres y madres trabajaban, también de forma improvisada, online, mientras sus propios hijos e hijas recibían clases online, de otras profesoras, con hijos e hijas pequeños que trepaban por las paredes mientras ellas impartían clase, porque los niños eran terriblemente peligrosos y estaba prohibido sacarlos de casa. Durante un tiempo, recordemos, solamente podían salir los perros.

O trabajabas en condiciones de precariedad, incluso poniendo tu vida en riesgo, o recibías la notificación de un expediente de regulación temporal de empleo. Tramitar la prestación era prácticamente imposible porque el sistema informático estaba literalmente colapsado, miles de familias se quedaron sin ingresos de la noche a la mañana, se respiraba el miedo. Niñas y niños vieron su beca comedor transformada en comida basura en Madrid,[8] o en crédito para comprar alimentos en el supermercado en Barcelona.[9]

## Y dejamos de llegar a fin de mes

La covid acabó transformándose en virus estacional, las empresas volvieron al presencialismo, las mascarillas dejaron de ser obligatorias, los parques volvieron a llenarse de niñas y niños y niñes, las vacunas se generalizaron, las calles dejaron de ser peatonales, la reventa de citas del SEPE siguió siendo un negocio.[10] Hace muy poco, un padre me comentaba que le estaba resultando imposible conseguir cita para tramitar la prestación por desempleo, así que fue presencialmente y en el propio SEPE le recomendaron que se conectara de madrugada para conseguir la cita. Porque ahora sin cita previa no eres nadie. Año 2024.

Y el miedo se quedó. El miedo a no llegar a fin de mes. El miedo a los desahucios, antes muy a menudo por impago de hipotecas, ahora ya mayoritariamente por impago de alquiler.[*11] Y los desahucios invisibles. Los de te subo el alquiler 300 € o 400 €. La precariedad se quedó, el precio del dinero subió, los precios de los alquileres

* En el segundo trimestre de 2024 hubo 5.874 lanzamientos por impago de alquiler y 1.448 por ejecución hipotecaria.

subieron, los precios de las hipotecas subieron, el precio de la energía subió, el precio de los alimentos subió, el precio de todas las cosas subió, menos el precio de los transportes públicos, que bajó.[*12] Los salarios no subieron lo suficiente. Casi nadie podía acceder a una hipoteca, los pisos se compraban al contado, al contado los compraban inversores. Y así, toda esa gente que antes solíamos llegar a fin de mes dejamos de llegar a fin de mes, y toda aquella gente que no llegaba a fin de mes siguió sin llegar a fin de mes, por mucho que le subieran el salario mínimo interprofesional.[13]

Cuando no llegas a fin de mes, solo tienes dos opciones: reducir el gasto o gastar el ahorro. Siempre y cuando tengas ahorro; si no, solamente existe la primera opción. Reducir el gasto básicamente implica renunciar. Renunciar a las extraescolares (una de cada cinco familias no se las podían permitir en 2024[14]), renunciar a las vacaciones (el 30,4 % de las catalanas y los catalanes no se las pudieron permitir en 2024[15]), renunciar a varios productos de la cesta de la compra, renunciar a poner la calefacción (en 2023, el 27,5 % de los españoles no podía mantener su hogar a la temperatura adecuada[16] y en 2024 el 35,8 % no podía asumir gastos imprevistos[17]), renunciar a comprar zapatos de buena calidad, renunciar a la peluquería, renunciar a la revisión dental, a la fisioterapeuta, a ir a terapia, al abono de la piscina municipal. Renunciar a vivir en nuestro barrio o ciudad, y lo que eso implica, como renunciar a nuestra red de amigas o familia, renunciar a la

* Como mínimo hasta junio de 2025. Quizá cuando se publique este libro nos habrán robado esta mejora social, aunque espero que no, que hayamos salido a la calle como hicimos cuando el decreto Ómnibus.

escuela, renunciar a vivir a media hora del lugar de trabajo. Renunciar para llegar a fin de mes.

## El capitalismo neoliberal y extractivista

A estas alturas seguro que os estaréis preguntando en qué era del capitalismo nos encontramos actualmente (y si falta mucho para llegar a la justicia social, que ya se está haciendo largo el viaje...). La respuesta a la primera pregunta es que estamos en la etapa capitalismo neoliberal (aunque a la velocidad a la que van los «señoros tecnofeudales», igual cuando se publique este libro estaremos ya en el tecnofeudalismo[18]). El capitalismo neoliberal se caracteriza por la privatización, la desregulación, la deslocalización, la economía financiera (es decir, que no produce bienes ni servicios, simplemente se dedica a reproducir el capital), la precariedad laboral y la desigualdad extrema, así, en resumen. Y sus *brand ambassadors* primigenios fueron Ronald Reagan y Margaret Thatcher, personajes conocidos por su amor a la clase obrera y los derechos laborales.

Luego está el extractivismo, que convive de maravilla con el capitalismo neoliberal y que consiste en explotar intensamente y hasta el agotamiento los recursos naturales de un lugar. Una vez extraída toda la riqueza existente y agotados los recursos, se desplaza a otro lugar para repetir el proceso.

No hace falta ir muy lejos para buscar ejemplos. La mina de Aznalcóllar, en Andalucía, se cerró después de haber causado un desastre medioambiental de enorme magnitud en 1998. En 2024 su reapertura pretende «verter un total de 85.520 millones de litros de aguas contaminadas con metales pesados, durante 18 años y medio, frente al estadio de la Cartuja».[19] En Extremadura, «la empresa que quiere explotar la mina de Cañaveral solicita poder extraer del acuífero 69 litros de agua por segundo. Eso equivale a 2,17 $hm^3$ al año y la explotación duraría 30 años [...] El agua solicitada por año se corresponde a 2 meses del consumo de la ciudad de Cáceres».[20] Y nada lejos de allí, el proyecto inicial de mina de litio en Valdeflores, al lado de Cáceres, pretendía ser a cielo abierto.[21] Actualmente la propuesta es soterrar la mina, pero «la distancia entre el yacimiento y el límite de suelo urbano es de 1.000 y 1.700 kilómetros [...] incumple la distancia mínima de 2 kilómetros al núcleo urbano. Esto determina la inviabilidad urbanística del proyecto».[22]

Los casos de las minas son claros: consumen enormes recursos naturales, implican un enorme impacto ambiental negativo: contaminación de los suelos y las aguas, destrucción de la fauna y la flora, de los acuíferos... Destrucción de cualquier futuro posible. Pero eso no importa, porque para el capitalismo extractivista lo importante es extraer riqueza. Cuando ya no quede nada en la Tierra se irá a otro planeta.[23] Pero ¿y qué pasa con la vivienda?

Me gusta hacerle ciertas preguntas a ChatGPT-4 porque es como hablar con el paradigma de la humanidad. Está compuesto de toda la sabiduría que hay en internet y de toda la estupidez humana. Así que me aventuré a preguntarle si el modelo del mercado de vivienda en España tenía similitudes con el capitalismo extractivista.[24]

Respondió que «aunque este concepto se aplica tradicionalmente a la explotación de recursos naturales, el mercado inmobiliario muestra un paralelismo en términos de extracción intensiva de valor y desplazamiento de las comunidades locales». Prosiguió listando los «elementos de capitalismo extractivista en el mercado de vivienda en España: explotación intensiva y desplazamiento de comunidades (1), desgaste y agotamiento del recurso (vivienda asequible) (2), impacto a largo plazo en el tejido social y económico (3)». Finalmente sentenció: «El mercado de vivienda en España, controlado por grandes inversores que priorizan la rentabilidad sobre el bienestar social, comparte características clave del capitalismo extractivista, especialmente en términos de agotamiento de recursos locales y desplazamiento de comunidades». Palabrita de ChatGPT.

Le podría haber preguntado si el modelo de turismo intensivo y de masas también reproduce el modelo de capitalismo extractivista, pero creo que llegadas a este punto no lo necesitamos para obtener una respuesta.

## Todo el mundo no cabe[25]

La turistificación de los municipios conlleva expansión y agotamiento, impacto ambiental y dependencia de recursos naturales. Los comercios y bares de toda la vida, destinados a abastecer a la población local, desaparecen para dar paso a comercios y bares destinados principalmente a abastecer al turista. El alquiler para la población autóctona desaparece para transformarse en alquiler vacacional dirigido al turista. La población local se ve expulsada, el tejido social desaparece. Las escuelas, los centros de salud, los centros culturales, las bibliotecas municipales están en peligro, porque no generan beneficios, porque no están dirigidas al turista, porque cada vez hay menos población local que las necesite.

En junio de 2024 viajé a Venecia, seguramente la ciudad más bonita del mundo. Me sorprendió que, a pesar de saber que había necesariamente más turistas que en mi Barcelona natal, la sensación fuera de amplitud, de calma, de no aglomeración. Y eso es porque todo el espacio público es peatonal, los coches no ocupan más de la mitad, como en Barcelona. Entonces, aunque fuéramos más turistas, circulábamos con mayor comodidad. Allí conocí a una pareja de locales implicados en la lucha por el derecho a la vivienda en Venecia.[26] Me contaron que Venecia ya estaba condenada a desaparecer[27] pero que a este paso desaparecerían las y los venecianos antes que la ciudad.[28] Viajar a Venecia fue como viajar al futuro.

En junio de 2023 viajé a Ibiza. En 2024, casi un año después, TV3 publicó un reportaje (*Agafar l'avió cada dia o viure en una autocaravana: efectes del preu del lloguer a Eivissa*[29]) que se hizo rápidamente viral y en el que dos maestras, Xisca y Carla, que viven en Palma, cuentan como tienen que ir a trabajar a Ibiza y volver en avión, cada día, porque les ha resultado imposible encontrar una vivienda asequible. En el reportaje también aparece Celia, una médica de la sanidad pública, hablando de alquileres de hasta 2.000 € al mes que no incluyen temporada alta, y Diana, una camarera que vive en una autocaravana. Busqué más información sobre las villas miseria, los poblados de autocaravanas y chabolas que rodean la capital de la isla donde viven numerosas trabajadoras y trabajadores que no pueden permitirse los precios de la vivienda en la isla. Fue así como topé con Zidamed en *elDiario.es*,[30] vigilante de seguridad en Ushuaïa, hotel-discoteca con habitaciones a 500 €/noche y entradas a 90 €, que duerme en una infravivienda de autoconstrucción, se ducha en el gimnasio, y el uniforme se lo lavan y guardan en el hotel. Es el tercer verano que Zidamed trabaja en Ushuaïa. Al leer esto, me pregunté: ¿me crucé con él cuando estuve allí bailando? Y el resto de trabajadoras, ¿dónde vivían, dónde dormían? Las camareras, los camareros, las limpiadoras, los vigilantes, los recogevasos, los técnicos de sonido, de luces, las fotógrafas, las responsables de redes sociales, etc.

En *Estuve aquí y me acordé de nosotros*,[31] la periodista y escritora especializada en temas sociales y antropología Anna Pacheco se infiltra en el sector hotelero barcelonés para hacer una radiografía, desde dentro, de las relaciones laborales y de poder en la industria turística. En un momento dado, recuerda una serie de TVE de los años dos mil llamada *Paraíso*, que ofrecía sueños individualistas y desmovilizadores a la clase trabajadora de la España de Aznar. «Lo único que le quedaba al espectador era buscar una variación del paraíso [...] ahorrar para la ocasión, ahorrar mucho [...] no solo nos habían dicho que era posible que otro más pobre te sirviera un batido dentro de una piscina [...] sino que parecía ser lo mejor que podía hacer un adulto con su dinero». Me reconocí automáticamente en esas palabras: mi paraíso era Ushuaïa y ahorré mucho para ir, para comprar aquella entrada tan cara, para que una trabajadora más pobre que yo me sirviese una bebida al lado de una piscina, para cruzarme con Zidamed en algún momento, ignorando por completo que había dormido en una chabola antes de ir a ducharse al gimnasio para luego ponerse el uniforme recién salido de la tintorería del hotel. La población que habita en los municipios turísticos es más pobre que la que habita en otras partes.[32]

Ana Geranios[33] es la autora de *Verano sin vacaciones*, un ensayo-diario sobre trabajadoras y trabajadores en el sector turístico en la costa. En una entrevista de María López Villodres,[34] la autora relata como su familia y tantas otras llegaron en los años ochenta y noventa a servir en la Costa del Sol. Las condiciones de la hostelería eran terribles, pero los sueldos eran suficientes para mantener a una familia, para prosperar. Camareros, limpiadoras, cocineras, conserjes, recepcionistas. Había sueldos dignos y un lugar donde construir hogares para vivir. «En aquella época se pagaba muy bien porque había mucho dinero. Luego ha seguido habiendo mucho dinero, pero cada vez se han empeorado más las condiciones de los trabajadores»,[35] de modo que las limpiadoras y recepcionistas de ahora viven en coches, tiendas de campaña, autocaravanas, chabolas, y las hijas de esas cocineras y camareros de los noventa ya no pueden vivir donde nacieron. Cuenta la misma historia Ana Penyas en la novela gráfica *Todo bajo el sol*[36] ambientada en la huerta y la costa valencianas. La misma historia tantas veces contada desde distintos puntos de la geografía mediterránea, historia universal. La misma historia siempre, porque la pobreza, al igual que la riqueza, son hereditarias.[37]

## Hablemos de dinero

Si juegas un rato con el recurso interactivo del artículo «No eres consciente de lo poco que cobra la gente: por qué nos cuesta tanto ubicarnos en la escala salarial», elaborado por Victòria Oliveres y Raúl Sánchez para *elDiario.es*,[38] descubres muchísimas cosas que posiblemente ignoras sobre la gente que te rodea; por ejemplo, cuánto cobra. A la clase trabajadora no le gusta demasiado hablar de dinero. En algunos casos será por miedo a cobrar más que el resto y que se enteren, y a que eso les pase factura; en otros será por el malestar de tener que hablar de lo poco que ganan. Y en otros simplemente es una costumbre aprendida: en casa no se hablaba de dinero (porque no había mucho de que hablar, posiblemente), así que yo no hablo de dinero. En cualquier caso, esta tradición tan nuestra solamente beneficia al empresario, al empleador, a quien te paga la nómina. Porque si vives en la ignorancia de lo que gana el resto, no sueles organizarte y luchar para reclamar una mejora salarial.

Y lo mismo pasa con las facturas de alquiler y suministros. Nos suele costar hablar de cuánto pagamos de vivienda, de electricidad, de gas, de agua, de internet. Una vez hice una investigación cero profesional que consistió en preguntar a mi alrededor (por WhatsApp y redes sociales) cuánto estaban pagando de electricidad, debía de ser en 2022 o 2023, cuando las facturas eléctricas se duplicaron y las de gas todavía más. Gracias a la puesta en común de este problema que afectaba a tantas personas, se compartieron informaciones de gran utilidad sobre cómo solicitar la tarifa regulada TUR1, cómo reducir la potencia eléctrica máxima contratada o cómo solicitar un tramo adicional en el canon del agua. La clase trabajadora debería hablar de dinero más a menudo.

Por suerte, están los datos. En el mismo interactivo que menciono, explican que una parte importante de las personas que lo usaron se ubicaron mal en la escala salarial; en su mayoría, hablamos de personas que situaron sus sueldos por debajo de lo que realmente están en relación con los del resto de la población. Lo atribuyen, en parte, al hecho de que el tipo de lectora interesada por este contenido tiene sueldos más elevados; en parte, a que hay una mayor representación de Catalunya y Madrid, donde los sueldos son más elevados, y en parte, al «sesgo de representatividad». Esto significa sencillamente que tendemos a juntarnos con personas similares a nosotras, con rentas similares, aficiones similares y opiniones similares, por lo tanto tendemos a pensar que como a nuestro alrededor la mayoría cobra lo mismo que nosotras, se trata de una tendencia general y representativa cuando en realidad no lo es. Tal vez cabría considerar un elemento extra: en este estudio están sobrerrepresentadas (ha habido mayor participación) Catalunya y Madrid. Allí los sueldos son más elevados pero la vida más cara, por lo tanto llegar a fin de mes es más complicado. Así pues, puede que estas personas tengan la percepción de cobrar poco, ya que de poco les sirve lo que cobran. Una cosa es lo que cobras y la otra, el coste de la vida.

Volviendo a los datos: el salario mediano en España el año 2022 fue de 22.383,11 € anuales. Esto es, según la calculadora de sueldo neto de *Cinco Días*, entre 1.507,5 € y 1.547,8 € aproximadamente al mes, en función de si se tienen menores o mayores de 65 años a cargo y de muchas otras variables (porque todo el mundo sabe que con 40 € más al mes tiras adelante dos hijes menores de 25). En julio de 2024, el precio medio del alquiler en Barcelona se situaba en 1.193 € al mes.[39] Es decir, que si cobrabas el salario mediano te quedaban 314,5 € después de pagar el alquiler. 314,5 € para alimentación, electricidad, agua, telefonía, transporte, gimnasio.

314,5 € para vivir.

Y esto, claro, es culpa tuya, porque no te has esforzado lo suficiente; eres pobre porque quieres.

# Nota para mi editora

Escribo, sí. Pero escribo caóticamente, como si fuera un post de Instagram muy largo, larguísimo, de los que necesitan un carrusel de 20 fotos. Escribo, pero al final no escribo lo que habíamos acordado, o no lo escribo en el orden que debería. De pronto, el orden parece tener otros planes. Escribo y es muy tarde, y es fin de semana, y durante la semana laboral lucho por la reducción de la jornada laboral y en mi tiempo libre escribo sobre la reducción de la jornada laboral y nunca dejo de trabajar. ¿Qué credibilidad voy a tener? Soy una impostora.

# Llegarás tan lejos como te propongas

¡Esfuérzate, joder, que nada tiene que ver que el sistema esté amañado en tu contra desde antes que nacieras!

JULEN BOLLAÍN, «Meritocracia: Un cuento para dormir a los idiotas», *Público*[1]

## El cuento de la meritocracia

Existen un montón de cuentos populares que a todas nos han contado de pequeñas. «Caperucita roja», «Los tres cerditos», «Pulgarcito», «El traje nuevo del emperador», «La liebre y la tortuga», la *llegenda de Sant Jordi*, y, cómo no, el cuento de la meritocracia. Por supuesto, al ser cuentos de tradición oral, cada familia tiene su propia versión. A veces, el relato incluso se apoya en vivencias familiares; otras, es simplemente una ilusión, una fábula, una leyenda que se sustenta en historias de superación y perseverancia como las de Lamine Yamal o Rosalía. Si estudias mucho, tendrás un buen trabajo. Esfuérzate y conseguirás un buen sueldo. El éxito está en tus manos, solamente depende de ti. Persigue tus sueños y los conseguirás. «Hoy puede ser un gran día, plantéatelo así».[2]

Naturalmente, todas estas frases motivacionales y tremendamente individualistas van acompañadas de su reverso tenebroso y culpabilizador. Si no lo consigues es porque no te esfuerzas lo suficiente. Si no tienes un buen trabajo es porque no has estudiado lo que debías. Si no te pagan un buen sueldo es porque no te lo mereces. Esencialmente, eres pobre porque quieres. No llegas a fin de mes por culpa tuya. Los jóvenes de hoy no aguantan nada. Mira aquel, qué bien le va, es emprendedor, abrió su propio negocio, se esforzó, trabajó muchísimas horas y ahora ha alcanzado el éxito. Ya abrió dos locales más y va a abrir otros tres. En cambio, tú, volviendo a Serrat, pareces más bien un personaje de Pueblo Blanco mientras te preguntas «por qué nacerá gente, si nacer o morir es indiferente».[3] Y la culpa es tuya, por supuesto.

Y tú vas y te lo crees. Claro que te lo crees. Porque desde pequeña te han contado este cuento y sabías —lo sabías porque te lo dijeron muchas veces— que si no te esforzabas lo suficiente no lo lograrías. Y ahora que lo piensas, no te esforzaste lo suficiente. Podrías haber estudiado más, podrías haber sacado mejores notas, podrías haber aceptado aquellas prácticas no remuneradas, podrías haber hecho tantas cosas que no hiciste...

Y es que la primera trampa del cuento de la meritocracia no es el esfuerzo en sí, que sí, que es una trampa porque «en España, el 73 % de la desigual distribución de la riqueza proviene de las herencias»[4] y por mucho que te esfuerces ya está todo el pescado vendido; la trampa más peligrosa de ese cuento es el individualismo. Porque el cuento te dice que tienes que esforzarte tú. Que la vida es una carrera. Que estás compitiendo contra el resto. Que solamente puede quedar una, como en *Los juegos del hambre*, y que, como no seas Katniss, vas a terminar muerta. Pero Katniss decide que no va a jugar contra el resto. Y los mejores sueldos, las mejores condiciones laborales, los mejores lugares de trabajo se consiguen en común, no contra el resto. Los verdaderos éxitos son compartidos.

La realidad es que el 60 % de nuestros ingresos dependerán de donde nazcamos y el 20 % del salario que tengan nuestras madres y nuestros padres. Dicho de otro modo, solamente el 20 % restante dependerá de una mezcla entre nuestro género, color de piel, suerte y esfuerzo. Es decir, el 80 %[5] de niñas y niños que nazcan en familias pobres morirán pobres. En términos técnicos, esto se denomina *desigualdad estructural*. Pero el truco del sistema para mirar hacia otro lado es convencernos de que no existe tal cosa porque existe un ascensor social precisamente para compensar esas posibles desigualdades. Y es culpa tuya si no te subes al ascensor y quieres quedarte viviendo en el aparcamiento, como en la serie sueca *The Architect*. Y este cuento nos lo contaron a todas: a las de familia progresista, socialdemócrata, conservadora, neoliberal, lumpen; no importa, había versiones para todos los gustos. Meritocracia o ascensor social. Y así crecimos, haciendo los deberes delante de *Los vigilantes de la playa*, porque si estudias mucho tendrás un buen trabajo. Luego, claro, la culpa es tuya, porque deberías haber prestado más atención a los deberes en vez de hacerlos mirando *Las gemelas de Sweet Valley*.

## Ascensor fuera de servicio

Ya es oficial que el ascensor social no funciona, y ahora que solamente nos queda el cuento de la meritocracia, quienes están allí arriba no quieren que suba nadie de abajo. Quieren ser pocos para poder repartirse la riqueza (concretamente más de la mitad de la riqueza). De vez en cuando dejan subir a alguien para que sigamos alimentando la leyenda de la meritocracia. Y puesto que el ascensor está estropeado, a la clase obrera le toca intentar subir a pie. El recorrido, claro, es más largo y cansado, y al ser una competición individual, siempre está el riesgo de que alguien te ponga la zancadilla y acabes rodando escaleras abajo. Una imagen radicalmente opuesta a esta lógica sería la que ofrecieron las 10 trabajadoras de la Residencia Sedaví, en Valencia, que subieron a pulso a 124 ancianos dos pisos por las escaleras para salvarles la vida durante la catástrofe de la DANA de otoño de 2024. Ellas sí son Katniss. Mientras tanto, el 2 % más rico de la población mundial controla el 56 % de la riqueza,[6] y el 1 % más rico en España concentra el 22 % de la riqueza[7] no haciendo absolutamente nada que no sea invertir el dinero que han heredado en obtener más dinero, por lo general a través de la especulación. Las trabajadoras de las residencias, por su parte, cobran mucho menos que los inversores. Porque no se han esforzado lo suficiente.

En este sistema, quienes están un peldaño por encima de ti te lo harán saber, quienes están varios peldaños por encima de ti, también, y todos ellos, juntos, harán lo posible para que nunca te sientas cómoda si alguna vez llegas a acceder a su peldaño, aunque sea por un rato. Aunque te hayan invitado, volverás a tu peldaño con mal cuerpo, sabiéndote «de los de abajo». Una forma que tienen para hacerte sentir incómoda cuando te invitan y que nunca olvides que eres de abajo es preguntarte por tu vida, por tus orígenes, por tus problemas.

En el cuento de la meritocracia, el individualismo es fundamental, porque fomenta la competición y la división. Así, mientras competimos entre nosotras, no les molestamos, y cuando conseguimos acercarnos a ellos, nos transformamos en dóciles y enternecedoras personas de clase obrera que solamente quieren complacer para conseguir su billete dorado a la fábrica de chocolate. Lo de que nos organicemos colectivamente les va más bien mal, saben de sobra que «cuando los de abajo se mueven, los de arriba se caen» (Ángel Ganivet), pero para eso tenemos que estar todas juntas, en el mismo piso, y movernos organizada y estratégicamente.

## Los peligros de la «cultura del ajetreo»[8]

Hemos pasado en poco tiempo de unas élites ociosas a unas élites que presumen de estar muy atareadas, tener agendas llenas y un montón de proyectos. Nos generan la impresión de que andar permanentemente atareada es sinónimo de éxito, y así cuando las clases trabajadoras tenemos jornadas cada vez más largas, muy a menudo debido al pluriempleo, corremos el riesgo de caer en la trampa de creer que estamos triunfando. Hay una transferencia edulcorada del *modus operandi* de las élites, o de lo que imaginamos que hacen las élites: la solución (individual) a nuestro problema (común) de no llegar a fin de mes consiste en tener una segunda fuente de ingresos, porque con un trabajo no basta. ¿Cuántas de mis amigas y amigos son trabajadoras por cuenta ajena y propia simultáneamente? La cultura del ajetreo es una firme aliada de los discursos de la meritocracia, ya que la clave del éxito es tener muchísimo trabajo.

El individualismo del cuento de la meritocracia ha calado tan fuerte que incluso a la hora de contar historias de lucha colectiva por el bien común, las transformamos en grandes hazañas individuales de personajes heroicos, por el bien común. Y todo alegando que no, que no había intención de borrar las militancias políticas y sindicales de nadie, que no se ha querido minimizar la lucha colectiva; que se ha trabajado con respeto y mucha complicidad con la gente del barrio, pero que, entiéndeme, las personas se sienten más identificadas y conmovidas cuando un solo héroe nos representa a todos.

Hablo de *El 47*, una magnífica película ampliamente galardonada que transforma la lucha colectiva en la historia de un héroe. Y que obvia que el héroe en cuestión era del PSUC y de CC. OO., pero no un poco, ¿eh?, mucho. Era un militante convencido.[9] Al transformar la lucha colectiva en lucha individual, reafirmamos el cuento de la meritocracia. Contando la lucha colectiva como lo que es, lucha colectiva, ponemos por delante la cooperación, la colaboración, la solidaridad. ¿Acaso alguien sabe quién es el héroe de *Pride*?[10] Son todes.

## Más que un ascensor, necesitamos un montacargas

Para mi abuelo paterno no hubo ascensor social. Era carpintero, pero quizá habría desempeñado otro oficio si la Segunda República hubiese tenido una larga y fructífera vida. Su padre, mi bisabuelo, se llamaba Joan y era fresador en la industria metalúrgica, se ganaba bien la vida ya que tenía una profesión cualificada. Mi bisabuela se llamaba Rosa, trabajaba en una fábrica textil en el Poblenou; era una mujer curiosa, libertaria y de la CNT. Llevaba a mi abuelo a una escuela de educación libre. Cuando estalló la guerra, mi bisabuela se afilió al PSUC. Quizá mi abuelo habría ido a la universidad, quizá habría sido ingeniero o biólogo. En lugar de eso, tuvo que huir de Barcelona hacia el exilio, con su madre y su hermana. Después de pasar más de un año separado de su familia en el campo de concentración de Argelès-sur-Mer con 14 años, logró reunirse con su familia[*] al salir del campo. Terminó yéndose a vivir a Burdeos, en la costa atlántica de Francia. Una vez allí, lo mandaron (es un decir, no existía la opción de elegir) a trabajar a la base submarina[11] controlada por los nazis en la Francia ocupada. Tendría 18 años. De pequeña, cuando me contaban

* Les separaban por sexo, mi bisabuela y su bebé fueron con las mujeres y mi abuelo a pesar de ser un niño de 14 años fue con los hombres.

esta parte de la historia familiar, podía sentir en mi piel el miedo que debió de sentir mi abuelo, jovencísimo, yendo a trabajar cada mañana para los nazis. Cuando los Aliados ganaron la Segunda Guerra Mundial, mi abuelo regresó a Barcelona a vivir con su padre. Mi bisabuela Rosa estaba perseguida políticamente por el fascismo, así que no podía regresar. Militó siempre, también en Francia y también contra la ocupación nazi. Falleció en el exilio antes de que muriera el dictador.

Todo lo que la España de Franco podía ofrecerle a mi abuelo era la cultura del esfuerzo. Le tocó hacer dos años de servicio militar (no se me ocurre mayor esfuerzo) y, a continuación, tuvo que invertir una vida de esfuerzo diario trabajando como carpintero para sacar adelante a una familia que sí tendría derecho al ascensor social. Por su parte, mi padre y mi tío, además de esforzarse cada uno a su modo, nunca fueron individualistas. Siempre dedicaron una parte de su energía, de su tiempo, de su fuerza, a la lucha colectiva. Porque donde caben dos caben tres, y cuatro. En el ascensor social tenemos que caber todas, más que un ascensor necesitamos un montacargas.

¿Por qué hablo tanto de mi padre y tan poco de mi madre?, quizá alguien se estará preguntando. Es sencillo: mi madre tenía un abuelo universitario y un padre universitario, y ella también fue a la universidad, aunque en su caso no es debido a una historia de éxito del ascensor social, es pura estadística. Mi madre tenía un 62 % de probabilidades de terminar los estudios universitarios. En cambio, mi tío y mi padre solamente el 23 %.[12] Pero bueno, eso no le quita ningún mérito a mi madre, que naturalmente es la mejor madre del mundo y una de las mejores profesoras del universo (*t'estimo, mama*).

## El pluriempleo

Cuando tienes jornada reducida, nadie te reduce la carga laboral. Lo único que te reducen es el salario. He tenido esta conversación con muchas madres que se han acogido a este gran invento y todas han coincidido. La carga de trabajo es la misma. Simplemente tienes que hacerla en menos tiempo y por menos dinero. No creo que esto se dé porque haya una voluntad específica de penalizar a las personas que deciden engendrar; simplemente el volumen de trabajo está organizado para que salga a jornada completa, y es mucho más cómodo y fácil dejarlo tal cual, hasta que termine esta situación que se presupone temporal. Adaptar las cargas de trabajo requiere planificación, así que las empresas suelen hacer como que la reducción de jornada significa simplemente que no te pueden convocar a reuniones por la tarde. Spoiler: aun así, lo hacen, y les tienes que recordar que no vas a estar. También he tenido esta conversación muchas veces. Es otro patrón recurrente.

A cambio de trabajar más rápido y por menos dinero, obtienes horas de vida. No solamente las horas que ya no trabajas, sino también las horas muertas de la jornada partida, ya que la jornada reducida va acompañada de compactación de la jornada. Entonces, si trabajabas 40 horas y pasas a 30 horas, por ejemplo, no ganas 10 horas, sino que ganas 15 horas, porque desaparecen las horas muertas. Lo que pasa es que pierdes una cuarta parte de tu salario. Y si ya era difícil llegar a fin de mes con el salario completo, con un 25 % menos de salario y una boca más que alimentar, se vuelve imposible (por eso tiene más éxito la reducción voluntaria a 35 horas). Es muy probable que esto te lleve o bien a volver a la jornada completa o bien al pluriempleo. En realidad, si tienes personas a cargo, la jornada completa conlleva que termines gastando la diferencia salarial en externalizar los cuidados, así que es posible que optes por el pluriempleo.

Una buena amiga, que trabaja a jornada completa y tiene personas a cargo, hace muchas horas extra. Las recupera en forma de festivos que usa para seguir trabajando y tener, así, otra fuente de ingresos. Pero este ritmo de trabajo ha terminado llevándola al *burnout.*

Un amigo, que también tiene personas a cargo, trabaja a jornada completa con un día de teletrabajo, buenas condiciones y ambiente agradable. Acepta trabajos extra que puede avanzar los fines de semana o por las noches. El resto de su familia vive lejos y viajar supone un gran gasto en billetes de avión.

Otra amiga alquila su piso en una plataforma de alquiler de pisos turísticos cuando está de viaje, o incluso a veces cuando está en la ciudad (entonces se va un par de noches a casa de algún colega), porque hay que llegar a fin de mes y vivir sola es carísimo. También lo sube a una plataforma de intercambio de casas, así le sale más económico viajar.

Un amigo trabaja a jornada completa y, cuando sale, tiene un segundo trabajo. Otra amiga trabaja a media jornada por cuenta ajena y el resto del tiempo como autónoma. Otra amiga trabaja a jornada completa y está de alta en autónomos para poder facturar. Podría seguir.

En mayor o menor medida, el trabajador por cuenta ajena y propia somos todas. Somos el paradigma de la cultura del esfuerzo: nos esforzamos mucho cada día para no llegar a ninguna parte, para llegar al sofá y desmayarnos de agotamiento y con la sensación de que los empresarios se permiten pagarnos sueldos insuficientes porque ya nos buscaremos un segundo empleo siguiendo la lógica individualista, en vez de unirnos y organizar una huelga general hasta que nos paguen el salario que merecemos. Y todo porque nos han hecho creer que, si no cobramos un salario justo, es porque no lo merecemos. Porque deberíamos habernos esforzado más.

## Las horas extra

«480.000 trabajadores no cobran sus horas extra, un agujero de 3.254 millones de euros al año en salarios y cotizaciones»,[13] es el titular del artículo que Emilio Sánchez Hidalgo publicó en *El País* en octubre de 2024. El dato proviene del estudio de CC. OO. «El abuso de las horas extra no pagadas en España»,[14] (que se publicó en septiembre del mismo año). En el artículo, el periodista recopila varios testigos que ilustran la estrecha relación que existe entre las horas extra no remuneradas y el cuento de la meritocracia. «Todos en mi oficina echan más horas de las que marca nuestra jornada, una más al día como mínimo. Si no lo haces te miran mal, sabes que tienes menos opciones de ascender. Y los más sénior echan más horas aún».

Nos cuentan que trabajar de más gratuitamente es cultura del esfuerzo, es demostrar a la empresa que trabajas duro, que quieres el éxito, que te lo ganas día a día trabajando lo que haga falta, que estás implicada, que estás dispuesta a darlo todo por la empresa, porque la empresa es la familia, y la familia es lo más importante. Y aunque sepas que trabajar horas extraordinarias sin cobrarlas es ilegal y es explotación laboral, la presión de saber que el resto de tus compañeros y compañeras lo harán, y que si no lo haces serás señalada y estigmatizada, pesa sobre ti.

El 42,7 % de las personas que trabajan horas extra no reciben ninguna remuneración por ellas. El 5,2 % recibe solamente una retribución parcial. Y eso, además de ser ilegal, es un fraude, puesto que los 3.254 millones de euros que se ahorran los empresarios son dinero que no pagan a las personas trabajadoras, a la Seguridad Social y a la Agencia Tributaria. Son beneficios para distribuir entre los accionistas. Los de arriba. Los del cuento de la meritocracia. Su cultura del esfuerzo consiste esencialmente en invertir dinero en empresas que no pagan las horas extra, estafar impuestos y cotizaciones, y obtener beneficios extraordinarios para sus accionistas.

Las horas extraordinarias remuneradas se dan con mayor frecuencia en los sectores con fuerte afiliación sindical, como la industria y la construcción. Las no remuneradas, en cambio, se suelen dar en sectores más competitivos, como el de la consultoría, la abogacía o la publicidad, donde hay menos regulación y menor afiliación sindical. No hay más que recordar la macrorredada de Inspección de Trabajo a las *big four* (las cuatro grandes consultoras: Deloitte, PwC, EY y KPMG) en noviembre de 2022, que terminó con una multa de 1,4 millones de euros.[15] En un artículo que Laura Olías escribió para *elDiario.es* sobre las *big four*[16] anterior a la gran redada, un antiguo becario que cobraba 600 € al mes contaba que la jornada normalmente era de nueve a nueve y podía alargarse en caso de picos de trabajo, fines de semana incluidos. Estamos hablando de una jornada de 12 horas de trabajo, sistemáticamente: la misma que tenía la clase obrera en las fábricas en la España de 1919, antes de la huelga de La Canadenca y la victoria de la jornada laboral de 8 horas. Vaya, empieza a parecer que la cultura del esfuerzo consiste en la explotación laboral y que la meritocracia vendría a ser que te sometas voluntariamente a dicha explotación.

Otro sector donde también se estilan las horas extra no remuneradas es el de la restauración y la hostelería. Anna Pacheco, en su ensayo, dedica unas líneas muy ilustrativas al «asunto de las horas extras».[17] En un día de reunión del comité de empresa, un representante de los trabajadores pone sobre la mesa que las trabajadoras acumulan más de 200 horas extra no remuneradas (spoiler: el Estatuto de los Trabajadores permite un límite de 80 horas extra anuales). La respuesta de la empresa es la siguiente: «Legalmente no podemos pagar tantas horas, nos hemos pasado hace rato ya».[18] ¿No es una genialidad? No podemos pagar las horas extra porque es ilegal hacer tantas horas extra, pero es que no pagar las horas extra también es ilegal y, además, es fraude fiscal.

## Tu empresa es tu familia

La primera agencia publicitaria en la que trabajé funcionaba como una pequeña familia. Eran tres socios, dos de los cuales eran el jefe y la directora de cuentas. Yo era la becaria (remunerada, media jornada), los clientes eran viejos conocidos del jefe, íbamos todas juntas en coche a las reuniones en las oficinas, cerrábamos en agosto, Navidades y Pascua, y organizábamos entre todas la comida de Navidad. Era un ambiente amable y familiar donde el derecho a la desconexión estaba garantizado, quizá por el ambiente, quizá porque de eso hace más de diez años y la idea de abolir la frontera entre el trabajo y la vida todavía no había calado, *¿chi lo sa*?

Luego ya empecé a trabajar en empresas de jornada de 8 horas, partida (o sea, 9 horas), donde la mayoría de trabajadoras se quedaban habitualmente haciendo horas de más. En una de ellas teníamos una terraza con barbacoa y un tirador de cerveza, y algunos viernes organizaban barbacoas para toda la plantilla. Solía coincidir con los viernes en los que teníamos una macroentrega. Yo solía salvarme de las jornadas maratonianas, porque por lo general eran encargos para programadores y diseñadores, pero mi *bestie* del curro se tenía que quedar. Todavía recuerdo su sonrisa de resignación tranquila mientras yo recogía mis bártulos a las 18.00 h en punto. Éramos propiedad de la Empresa, porque la Empresa era nuestra familia. Éramos mucha gente, no llegábamos a 50 pero diría que a 30 sí. Podríamos haber organizado elecciones sindicales, pero nadie sabía nada de sindicatos ni de derechos laborales. Yo tampoco.

En un curro que tuve, se suponía que el horario de entrada y salida era flexible, así que durante un tiempo empecé a llegar a las 8.30 h de la mañana para poder salir a las 17.30 h. Al cabo de unos días me comunicaron por e-mail que no era recomendable aquel horario, que no podía irme antes de las 18.00 h. Eran siempre mensajes individualizados y por correo electrónico, así te sentías sola y aislada, pensabas que aquello solo te estaba pasando a ti. Obviamente, a los demás también se lo hacían, a cada persona le daban un toque por alguna cosa, incluso a quien no había ningún reproche que hacerle. Ya sabéis, los trapos sucios de la familia no se airean, se tratan con discreción. Todavía guardo los correos electrónicos pasivo-agresivos que me mandaban, los fui recopilando uno a uno, los reenviaba a mi cuenta personal, porque como dice mi amiga Míriam,* así nos han programado a las mujeres: ante cualquier situación tenemos que acumular pruebas, ya que siempre somos unas mentirosas hasta que se demuestre lo contrario.

Durante una época trabajé en una agencia donde una de las cuentas más grandes era una gran compañía de cruceros, así que para recopilar materiales nos mandaron dos días de viaje (de Barcelona a Roma) a mi *bestie* del curro y a mí, junto con el jefe y otro currela. Nos subimos a aquel barco prontito por la mañana, hicimos la visita guiada con las autoridades** y nos quedamos trabajando

* Míriam Cano, poeta y directora de la escuela de literatura Bloom.

** Algunas autoridades bromeaban sobre la candidatura de Ada Colau a las elecciones municipales que tendrían lugar pocos días más tarde y que Ada Colau ganó, convirtiéndose en la primera mujer alcaldesa, y además bisexual, de la ciu-

todo el día hasta la hora de la cena. Al día siguiente, igual: desayunamos y nos pusimos con ello. Hicimos jornadas maratonianas y después tuvimos que volver en avión a Barcelona. Nunca nos pagaron aquellas horas extra. Tampoco las recuperamos, debieron de considerar que, como éramos una familia, aquello habían sido unas vacaciones. Eso sí, un mes más tarde yo tenía un compromiso un viernes por la tarde, así que salí más pronto para llegar a tiempo. El lunes me encontré con un desagradable e-mail reprochándome haber salido 30 minutos antes de la hora a la que las cenicientas teníamos permitido ir al baile.

Es curioso, porque el concepto de empresa como familia funciona solamente en un sentido, en el sentido en el que tú tienes que darlo todo por la familia, pero nunca al contrario. Cuando tú necesitas que la familia te ayude, te cuide, te acompañe, entonces esa misma familia te estigmatiza, te señala y te expulsa. No resulta nada sorprendente, por consiguiente, que esta relación tan desigual termine afectando a nuestra salud.

---

dad de Barcelona. Pensé mucho en la cara que se les debió quedar a aquellas autoridades aquel domingo electoral de 2015.

# Tres cosas hay en la vida: salud, dinero y amor

> Trabajad, trabajad proletarios, para aumentar la fortuna social y vuestras miserias individuales; trabajad, trabajad para que, haciéndoos cada vez más pobres, tengáis más razón de trabajar y de ser miserables. Tal es la ley inexorable de la producción capitalista.
>
> PAUL LAFARGUE, *El derecho a la pereza*

## Hiperconectadas

Cuando trabajaba en agencias, las horas extra no remuneradas y la presión por hacerlas era una variable permanente, pero seguramente porque por aquel entonces la hiperconectividad no estaba tan establecida; una vez salías de allí, empezaba tu derecho a la desconexión. Las horas extra en el lugar de trabajo como dinámica habitual son una lacra, además de una consecuencia de la mala organización del trabajo, pero la idea de irte a tu casa para seguir trabajando es todavía peor. El primer paso en esta dirección suele ser un inocente grupo de WhatsApp con los teléfonos personales de toda la plantilla, supuestamente para gestionar la cena de Navidad o alguna cosa así. Hay que silenciarlos y archivarlos desde el primer minuto. Lo que sí he tenido siempre es un grupo con «mis *besties* del curro», para poder poner en común los mensajes pasivo-agresivos, las pseudoamenazas camufladas, y para contar salseos, claro. Qué importante es tener amigas en un lugar en el que pasamos la mitad de nuestras vidas y la mitad de nuestras horas despiertas. O más.

Cuando empecé a trabajar en comunicación política, la frontera entre conexión y desconexión se fue diluyendo paulatinamente. Tenía un horario laboral, por supuesto, tenía bastante flexibilidad y podía hacer teletrabajo cuando lo necesitaba. Pero lo que pasa cuando trabajas en organizaciones sociopolíticas es que muchas cosas suceden después del horario laboral, porque están basadas en la militancia, y para que la gente pueda ir deben organizarse en horario fuera del trabajo. Entonces tú nunca dejas de trabajar, o terminas no sabiendo muy bien cuándo estás trabajando y cuándo estás militando. Primero te quedas a un acto que empieza y termina tarde, al día siguiente teletrabajas, luego cubres una comparecencia a las nueve de la noche desde casa, al día siguiente empiezas la jornada más tarde, un fin de semana ayudas a organizar una actividad, el lunes descansas. Vas adaptando tu vida a tu trabajo-militancia orgánicamente y, al final, normalizas estar un jueves a las ocho en un bar con las amigas y ponerte los auriculares para seguir una comparecencia en directo mientras te comes una aceituna. Y tus amigas también lo normalizan. Sin embargo, tengo que decir que guardo un recuerdo muy bonito de aquel periodo, de la ilusión que teníamos, del equipo que formábamos, de lo que nos cuidábamos entre nosotras. Por mucho que parezca increíble, y seguramente lo he romantizado, aquella hiperconectividad no se me hacía cuesta arriba, quizá porque no la vivía como impuesta. Supongo que tenía la sensación de haberla elegido, porque es lo que tiene la lucha política, que genera adicción. O tal vez fuese porque tenía la absoluta certeza de que si necesitaba parar, apagar los dispositivos móviles y desaparecer, el resto me respetaría y me facilitaría el poder hacerlo. Éramos un equipo genial y vivimos cosas realmente increíbles. Incluso creo que fuimos muy felices.

Luego salté a la política institucional, allí lo de la hiperconectividad es otra historia. Se parece más a una condición obligatoria que a una elección activista, aunque lo camuflan de militancia, que es la versión política de la cultura del esfuerzo para que trabajes miles de horas extra sin cobrarlas. En la izquierda concretamente, existe un elemento de clase, de considerar el sacrificio, el trabajo duro, como un distintivo de la clase trabajadora versus el rentismo y la holgazanería de las élites. Y tiene todo el sentido del mundo, porque la fuerza de trabajo era el único patrimonio de los pobres, pero trabajar sin cobrar no deja de ser explotación laboral. Por aquel entonces, trabajaba más de la mitad de los fines de semana y estaba conectada de nueve a nueve, como una *rider*, atenta, esperando a que me llegase un pedido. Quizá pasaba una hora o dos sin que nadie solicitase nada, pero igual, de pronto, a las 20.45 h había una petición. Y entonces empezaba el gran debate, porque como todo era extremadamente importantísimo (además de urgentísimo) tenía que opinar un extenso comité de sabios cuyo criterio era fundamental porque estaban allí desde el principio y todas sabemos que esa es la prueba irrefutable de que alguien es competente en algo, claro. Luego se tenían que introducir 736.384 cambios, hasta conseguir un resultado final que tenían que acabar validando también varias personas.

Además de ser ridículo, siempre pensé que reproducía las jerarquías clásicas del poder vertical que se suponía que habíamos venido a cambiar. Si todas y todos teníamos acceso a las redes sociales oficiales y podíamos publicar, ¿por qué no publicaba las cosas la persona que proponía el texto y lideraba la admisión de cambios? ¿Por qué tenía que estar yo disponible desde el vestuario de la piscina, con el gorro y las gafas puestos, para obtener la bendición final y poder hacer un copiar y pegar del texto en las redes sociales antes de dejar por fin el móvil en la taquilla y tirarme al agua? Pues porque bajar a las redes sociales a copiar y pegar, y a etiquetar y compartir, era bajar al fango a ensuciarse y eso da mucha pereza. Porque mi tiempo valía menos que el del comité de sabios. De todas las cientos de veces que viví esa situación, creo recordar que hubo unas diez en las que el texto era verdaderamente importante y urgente. En aquellas diez ocasiones, las personas más lúcidas del comité opinaron, escuetamente, con precisión. Yo creo que me apunté a natación porque bajo el agua no podía usar móvil.

No se me ocurre nada más clasista que pensar que el tiempo de los demás vale menos, y a menudo esta forma de pensar está relacionada con pensar que el tiempo de los demás te pertenece. El informe sobre las condiciones laborales de repartidores y repartidoras de plataformas digitales elaborado por CC. OO. de Catalunya a finales de 2020[1] recoge varios testimonios de *riders* que relatan, entre otras cosas, accidentes laborales, situaciones de acoso por parte de clientes y cómo el trabajo afecta a su salud mental. Sobre la hiperconectividad, un entrevistado afirma: «[...] te conectas unas 8 o 10 horas, pero aunque estés haciendo otra cosa, estás pendiente de la plataforma por si te cae algún pedido». Otro dice: «Al principio, era como si la cabeza te fuera a estallar; o sea, todo el tiempo estás pum, pum, pum. Además, que Glovo no te deja descansar. Glovo te envía mensajes [...] todo el día».

La aplicación dispone de tu tiempo como si le perteneciera y, cuando lo considera, te encarga una tarea que requiere, además de tu tiempo, tu fuerza de trabajo. Ana Geranios, en *Verano sin vacaciones*,[2] recuerda que el término *camarero* en inglés, *waiter*, proviene del verbo *to wait*, «esperar». Los camareros y camareras que esperaban en el siglo XX son ahora los y las *riders* que nos traen nuestro pedido desde una cocina fantasma hasta la puerta de casa, y mientras no hay pedidos esperan, esperan en la calle bajo la lluvia o el sol achicharrante, esperan móvil en mano. Es una editora esperando una notificación de Asana, mi mejor amigo esperando el *feedback* de una clienta, es una diseñadora esperando un *contrabriefing*, una doctora de guardia esperando una urgencia, somos todas esperando.

## El teletrabajo

Creo en el teletrabajo. Creo que hay personas que gestionan perfectamente el teletrabajo. Creo que hay oficios que se pueden desempeñar al 100 % teletrabajando. ¡Que se lo pregunten a los *expats* que compran y alquilan todos los pisos de Barcelona a precios imposibles con sus sueldos del más allá (de los Pirineos) mientras trabajan en remoto! Tengo una compañera del instituto y amiga que hace años que trabaja desde Barcelona para Londres. Otro amigo que trabaja desde Nueva York para la Costa Oeste. Una pareja que estudió conmigo teletrabaja para París desde Badalona. Un amigo que trabaja desde Málaga para Estados Unidos, y una antigua amiga que teletrabaja desde el mundo entero, una verdadera *digital nomad.*

También hay oficios que solamente pueden desempeñarse presencialmente, personas que no gestionan bien el teletrabajo, oficios que se podrían desempeñar a distancia pero solamente si cuentas con la infraestructura adecuada, como una buena conexión a internet, una silla ergonómica, climatización y un equipo técnico adaptado, y trabajos en los cuales la combinación más adecuada es la híbrida, es decir, algún día de teletrabajo con una mayoría de presencialidad, sin que en ningún caso sea obligatorio teletrabajar. Los trabajos que funcionan en equipo necesitan de reuniones periódicas e interacción humana, pero también necesitan espacios de soledad y concentración, y en las oficinas *open space* eso es complicado.

Sobre todo, el teletrabajo no debe imponerse, porque hay personas que, simplemente, no se sentirán cómodas y es importante respetar eso. Mi experiencia personal es que un día de teletrabajo semanal mejora la vida de las personas que trabajan en equipo, siempre y cuando estén consensuados los días en los que coincide todo el equipo, y se disponga de la infraestructura adecuada en el hogar. Yo no podría teletrabajar desde mi casa en agosto, hace demasiado calor. Por suerte, está la biblioteca municipal.

En un día de teletrabajo ganas tiempo. Ganas el tiempo que dedicas a ir al trabajo, el tiempo que dedicas a volver y la hora de la comida, que puedes dedicar a pasar el aspirador y a fregar, por ejemplo, mientras que en la oficina es tiempo perdido, porque después tendrás que pasar el aspirador y fregar de todos modos. Según cual sea tu medio de transporte, incluso puede que ahorres dinero. En septiembre de 2021 la prensa económica anunciaba que Amazon ponía fin al teletrabajo,[3] mientras las demás grandes tecnológicas (Google, Microsoft, Meta, Apple) continuaban con el modelo híbrido. Del mismo modo que el teletrabajo debe ser siempre voluntario y nunca obligatorio, la imposición de la presencialidad al 100 % tras la pandemia parece más una medida de control y de demostración de poder que una verdadera medida de mejora de la eficiencia y la productividad. Alguien podría pensar que el mensaje es el siguiente: tu tiempo me pertenece y estarás donde yo decida que debes estar independientemente de que sea o no necesario para el desempeño de tu tarea, porque me perteneces: te pago un salario a cambio de que tu vida me pertenezca de 9 a 18 h.

Y, sin embargo, pese a todos los beneficios que puede ofrecernos cuando está bien planteado, el teletrabajo también puede ser una trampa. Porque en el hogar también trabajamos, desarrollamos trabajo doméstico, que puede traducirse en una carga horaria mayor o menor en función de si vives sola o acompañada, de si tienes personas a cargo, o de si externalizas o no una parte del trabajo doméstico. El teletrabajo sin perspectiva de género, del mismo modo que la reducción de la jornada sin perspectiva de género o que cualquier cosa sin perspectiva de género, conlleva un aumento de la carga de trabajo doméstico y de cuidados para las mujeres. Si no supone un ahorro de tiempo y simplemente implica más trabajo doméstico para la mitad de la población, entonces no es una medida que mejore las condiciones de vida de las trabajadoras.

Durante la pandemia, muchas profesiones que habitualmente eran presenciales pasaron a ser telemáticas al 100 % y sin adecuación; entonces las teletrabajadoras cuidaban, limpiaban, cocinaban y tendían lavadoras mientras trabajaban. Además, el final de la jornada se empezó a diluir, porque ya que estás en casa y tienes el ordenador a mano te pido cosas a cualquier hora, en cualquier momento. Total, no te cuesta nada. El no saber cuándo empieza y cuándo termina la jornada laboral es una de las situaciones que genera más malestar y acaba afectando severamente a nuestra salud mental.

## El derecho a la desconexión

El derecho a la desconexión existe, el problema es que las empresas no desarrollan medidas suficientes al respecto.

En su artículo sobre desconexión digital, David Noriega ofrece datos poco sorprendentes: a pesar de que las empresas están obligadas a contar con una política de desconexión digital desde 2019, solamente una minoría la ha incluido en su convenio. Tan solo el 8,4 % de los convenios firmados en 2023 mencionaban el derecho y menos del 2 % lo desarrollaban.[4] Existen sentencias, como la del Tribunal Superior de Justicia de Galicia,[5] que condenó a una empresa a pagar 1.000 € por vulneración del derecho a la desconexión digital, pero el problema principal está en la desigualdad en la correlación de fuerzas entre las empresas y las personas empleadas. «Yo te escribo y si quieres contestas, pero igual tengo un contrato temporal y tengo miedo a que no me renueves; o estoy peleando un ascenso y tengo miedo a que no me lo des; o, simplemente, tengo miedo a que me despidas»,[6] opina una abogada consultada. Lo más probable es que las trabajadoras renuncien voluntariamente a sus derechos, especialmente si existen incentivos o premios a cambio de renunciar, como la posibilidad de un ascenso. El problema es que el incumplimiento del derecho a la desconexión tiene consecuencias sobre la salud mental de las personas trabajadoras, como la dificultad de concentración, que suele conllevar una bajada en el rendimiento. Esta situación prolongada en el tiempo puede terminar provocando depresión y ansiedad, y a pesar de que es un secreto a voces, las empresas miran hacia otro lado y el 60 % de las trabajadoras y los trabajadores deben trabajar durante su tiempo libre (es decir, fuera de su horario) para completar el volumen de trabajo que les exige la empresa. ¿Qué puede salir mal?

## La salud mental

Un día de principios de primavera de 2023, mi madre me regaló *Yeguas exhaustas*, de Bibiana Collado. Ella ya se lo había leído y dijo que me gustaría. Lo que no sabía era que me iba a gustar tantísimo. Es una novela de clase, la historia de la clase trabajadora española. La autora habla bastante de su propia madre, temporera en época de recoger naranjas y trabajadora de la limpieza a destajo de apartamentos turísticos en la costa en verano, quien le transmitió desde pequeña que el único gran patrimonio de la gente pobre es el trabajo duro.[7] Más adelante, reflexiona sobre el hecho de que «crecer consistió en ir entendiendo los motivos por los que mi madre casi siempre estaba seria y triste. El principal de ellos era sencillo, sencillo y apabullante: estaba cansada».[8]

En la novela de Carlo Padial titulada *Contenido*, inspirada en hechos reales[9] como el auge y la caída de la revista digital *Playground*, Moisés, el protagonista, cuenta que llegó un momento en el que su jefe podía llamarle a cualquier hora: «Podían ser las ocho de la mañana, las once de la noche o las cuatro de la madrugada [...] me encerraba en el cuarto de baño porque me daba vergüenza».[10] Vive diversos momentos emocionales a medida que la novela avanza: el agobio, el desquicio, la paranoia... El ambiente de trabajo es hilarantemente estresante, e inquietantemente parecido a la realidad.[11]

Hay una relación muy estrecha entre el agotamiento físico y mental, las jornadas de trabajo interminables, la falta de descanso y las enfermedades de salud mental. La Organización Mundial de la Salud (OMS) y la Organización Internacional del Trabajo (OIT) prevén que en 2030[12] más del 50 % de las bajas laborales estarán relacionadas con la salud mental de las trabajadoras y los trabajadores.

Entrevistada en *elDiario.es*,[13] la doctora en Psicología Social Naira Delgado lamenta que las empresas no evalúen los riesgos psicosociales por miedo a que eso las ponga en evidencia. Nadie quiere descubrir que sus trabajadoras están agobiadas, sobrepasadas, quemadas; mejor mirar hacia otro lado. Tengo una buena amiga que llevaba un ritmo de trabajo insostenible, pero iba tirando. El día de la revisión médica de la empresa respondió a todas las preguntas sobre salud psicosocial de modo exageradamente alarmante, como una llamada de socorro. Los resultados de la revisión llegaron al cabo de unas semanas informando de que tenía un estupendo estado de salud. No es un caso aislado, ante episodios de estrés generalizado o *burnout* mis amigos se han encontrado con que que les recomendaban dar paseos por la naturaleza o les diagnosticaban falta de sueño como causa principal de su malestar. Una vez, una conocida comentó que tomaba habitualmente alprazolam[*14] y escitalopram[**15] en la revisión médica de la empresa y la persona que la atendía no le hizo ninguna pregunta al respecto, simplemente siguió con su revisión y la mandó de vuelta al trabajo. También conozco el caso de una doctora de cabecera de la sanidad

* «El alprazolam es un fármaco de la familia de las benzodiacepinas y se utiliza para el tratamiento de los estados de ansiedad, especialmente en crisis de angustia, agorafobia, ataques de pánico y estrés intenso».

** «El escitalopram es un antidepresivo perteneciente al grupo de los inhibidores selectivos de la recaptación de serotonina (ISRS)».

pública que cada vez que se encuentra con cuadros generalizados de estrés o ansiedad generados por la situación laboral, además de prescribir bajas laborales y la medicación que considere, recomienda encarecidamente a sus pacientes que se afilien a un sindicato.

El *burnout* o síndrome del trabajador quemado es progresivo y suele empezar con dificultades para gestionar situaciones de estrés. La acumulación de situaciones de estrés sin tiempo para reponerse genera fatiga y agotamiento. Pero existen muchos síntomas que deben ser tomados en consideración y que no relacionamos necesariamente con el trabajo, como el insomnio, las taquicardias o los problemas digestivos, y que deben llamar especialmente la atención en profesiones de riesgo como las relacionadas con el sector sanitario, el de los servicios sociales o la protección civil, o en las trabajadoras de residencias, los bomberos y básicamente en todos aquellos perfiles laborales relacionados con los cuidados y con las personas en situación de vulnerabilidad. El *burnout* tiene además un potencial «contagioso» si no se toman las medidas necesarias para solventar el problema, ya que hay perfiles profesionales muy difíciles de cubrir, cosa que termina generando una sobrecarga de trabajo para las demás personas trabajadoras, lo que a su vez aumenta el riesgo de *burnout* para el resto del equipo. Sin ir más lejos, en otoño de 2024, la justicia condenó al Ayuntamiento de León[16] por sobrecarga de trabajo continuada de un trabajador que desde 2014 realizaba el trabajo de dos personas y que llegó a asumir, durante un tiempo, el trabajo de tres, cosa que lo llevó directo a la baja laboral, naturalmente. Sobrecargar al resto del equipo con el trabajo de quienes están de baja por sobrecarga solamente genera más sobrecarga.

La OMS considera el *burnout* un fenómeno laboral, no una enfermedad mental. Se estima que son más de 12.000 millones de días de trabajo los que perdemos cada año por depresión y ansiedad, casi mil millones de dólares. En su artículo en *El País* «No, las vacaciones no solucionan el problema del *burnout*. "A las dos semanas estamos igual"», Enrique Alpañés entrevista a Christina Maslach, profesora de la Universidad de Berkley y una de las pioneras en la investigación del *burnout* en los años setenta. Cuando intentó publicar su estudio sobre el tema en una revista científica, el tema no interesó. Entonces decidió publicarlo en una revista generalista. El éxito fue arrollador, la gente trabajadora se sintió automáticamente identificada con aquel término, *burnout*, y sin embargo, aquí seguimos, tantísimas décadas más tarde. «Uno de los principales obstáculos es que planteamos el *burnout* como un problema individual [...] No estamos detectando la causa. La pregunta [...] no es el quién lo sufre, es el porqué lo sufre».[17]

## Estrés, ansiedad y depresión

Javier trabaja en una gran tecnológica del Ibex 35 y cuenta en el artículo ya citado sobre las empresas y la desconexión digital como el estrés extremo al que estaba sometido le llevó a una baja laboral. El mismo trabajador, que actualmente cobra menos, tiene jornada compactada y no trabaja jamás fuera de su horario, narra cómo se pasaba las vacaciones familiares trabajando e incluso había llegado a atender una llamada de trabajo desde un tanatorio. «El tecnoestrés produce problemas físicos, como dolores de todo tipo, desde musculares hasta gastrointestinales o de cabeza [...] a nivel mental, mayor propensión a caer en cuadros de ansiedad y depresión, que se traducen en bajas laborales»,[18] detalla la psicóloga Isabel Aranda en el mismo texto.

La diferencia principal entre el estrés y la ansiedad es que el estrés está vinculado a un factor externo y es temporal, la ansiedad es más bien una preocupación constante y generalizada, difícil de vincular con una causa concreta, y que se prolonga en el tiempo de modo persistente. Tanto el estrés como la ansiedad pueden cronificarse. Entonces se parecen mucho. La protagonista de la novela *El descontento* (sobre un descontento que es laboral pero también vital y sistémico), de Beatriz Serrano, toma orfidales como si fuesen sugus. En ocasiones, cuando siente que se acercan las palpitaciones del ataque de ansiedad, otras veces simplemente para poder visitar en paz su museo favorito. Marisa, la protagonista, deja de ir a terapia, pero continúa aceptando los ansiolíticos. La deja porque su terapeuta no entiende que el estrés no se lo causa el trabajo, sino el hecho de tener que ir a trabajar. «Ocupar 8 horas de lunes a viernes en una tarea alienante e insatisfactoria [...] Todo ese tiempo regalado a otros en vez de estar en mi casa leyendo o dibujando o simplemente mirando el techo [...] No soportaba la idea de estar obligada a vivir esa pantomima de oficina a perpetuidad para poder pagarme cosas como el alquiler o la comida».[19] La cultura del esfuerzo nos infunde la idea de que debemos trabajar cuanto más mejor, la literatura contemporánea nos explica de modos muy diversos que el exceso de trabajo es muy peligroso, genera agotamiento y enfermedades de salud mental, la OMS y la OIT nos avisan de que este tipo de dolencias constituirán más de la mitad de las bajas laborales, y los expertos nos dicen que «Reducir la jornada laboral podría conseguir que hasta 800.000 personas dejaran los ansiolíticos».[20] Pero todo sigue igual.

Hacía apenas dos semanas que me había reunido por primera vez con mi editora para empezar a imaginar este libro cuando, paseando por el Salón del Cómic de Barcelona, llegó a mis manos la novela gráfica *Cuando el trabajo mata*,[21] que todo el mundo debería leer. Está basada en hechos reales. Es la historia de todos los trabajadores de Renault y France Telecom que se suicidaron en su lugar de trabajo en los años dos mil. Después de una exhaustiva investigación, los autores narran cómo la industria en Francia desplegaba un sistema de presión y acoso, implementado a todos los niveles de la jerarquía de las grandes empresas, para poder llevar a sus empleados al máximo de sus capacidades permanentemente. Esto desencadenó en los trabajadores como Carlos, el protagonista, estrés constante, ansiedad, depresión, intentos de suicidio y suicidios. Por eso es fundamental poner la prevención en el centro de los centros de trabajo y erradicar el cuento de la meritocracia, que va de la mano de las horas extra no remuneradas, porque nos estamos jugando la vida. Las empresas deben dejar de pensar que, si su plantilla trabaja al máximo sin pausa, es más «performante» (porque eso genera estrés crónico y porque el estrés crónico es un gran enemigo de la productividad) y empezar a entender que si su plantilla trabaja a un ritmo saludable y sostenible, con buenas condiciones laborales, será más feliz y «performante». Aunque hablar en términos de productividad quizá es caer en la trampa del sistema y haría falta preguntarse para qué producimos tantas cosas.

## El cerebro y el deporte

Tal y como afirma Coral Sanfeliu, investigadora del envejecimiento, «estar sentado 8 horas al día es perjudicial y afecta a las conexiones del cerebro y los neurotransmisores [...] Cuando pasamos 8 horas sentados, hay que hacer una hora de actividad para compensar. El sedentarismo aumentó con la pandemia y se teme que vayan a aumentar las demencias [...] Aparte del aumento de problemas como la depresión o la ansiedad».[22] Menuda sorpresa, ¿verdad? ¿Quién nos lo iba a decir? Yo misma llevo muchas horas seguidas sentada escribiendo este libro y me duelen todos los huesos. Suerte que mañana por la mañana voy a la piscina (spoiler: al final no fui). En un momento de la entrevista, el periodista le pregunta si tendría sentido crear fármacos que generaran los efectos positivos del ejercicio en el cerebro; la respuesta es «sí».

No tengo la menor duda de que la investigadora está pensando en mejorar la vida de las personas que no pueden hacer ejercicio, aunque la pregunta del periodista no lo especifica. Si existiese tal medicación, se inventaría para mejorar la vida de quienes por lesión, por edad o por enfermedad no puedan hacer ejercicio. Sería un fármaco muy recomendable para prevenir la depresión en el posparto, por ejemplo, y para la gente mayor con las articulaciones muy estropeadas. No obstante, el Ozempic*[23] también se inventó para personas enfermas, concretamente para tratar la diabetes tipo 2, pero el capitalismo tenía otros planes.

¿Qué hay de la clase trabajadora? Somos quienes llenamos los gimnasios, sí, pero existe una brecha de clase en la posibilidad de hacer deporte, y esa brecha es más de tiempo y energía que económica. En mi barrio hay un arbolado parque con espacios para el baloncesto, voleibol, petanca y ping-pong, y perímetro suficiente como para correr. Abre muy pronto por la mañana y cierra tarde. Tiene, además, un agradable estanque donde viven patos cuando hay agua. Por la tarde suele haber grupos entrenando, haciendo series y corriendo, además de quienes pasean a sus queridos animales de compañía. Son de todas las edades, alturas y colores. También hay grupos jugando al baloncesto, al ping-pong y a la petanca. En los fines de semana y en verano se intensifica la actividad y hay muchas más personas, incluso grupos de jóvenes rapeando a micro abierto y personas practicando bailes tradicionales. Mi barrio es de clase obrera de toda la vida, el parque en cuestión lo lucharon y lo ganaron las vecinas, entre las cuales estaban mi abuela y mi abuelo, y acceder al parque a practicar cualquiera de estas actividades

* Nombre comercial de la semaglutida. «La semaglutida es un medicamento antidiabético que se usa para el tratamiento de la diabetes tipo 2 y la obesidad».

es gratuito. Ahora bien. Hay que tener tiempo y energía. Valoremos lo de la energía.

Después de una jornada partida de 8 horas delante del ordenador, 1 hora para comer y 1 hora de desplazamientos, tienes dos opciones: irte al gimnasio directa saliendo de trabajar o irte a casa, cambiarte y salir. El fitness es un negocio en expansión.[24] Ahora vamos a empezar a añadirle complicaciones a la oficinista: tiene reducción de jornada y saldrá a las 16.00 h para llegar al cole a las 16.30 h. Su pareja trabaja tres tardes, así que estará sola cuidando hasta las 21.00 h. Podría ir a hacer deporte a esa hora, pero igual está cansada. También podría levantarse a las 6.00 h y salir a hacer deporte a las 6.30 h. El miércoles podría ir a hacer deporte, pero tiene que ir a visitar a su madre, que vive sola en un tercero sin ascensor, y hacerle la compra. Podría contratar a una niñera un par de tardes para poder hacer deporte, pero al haber solicitado una reducción de jornada ha tenido que renunciar a una parte de su salario. Le queda el viernes para ir a hacer deporte, lejos de la hora diaria que recomienda la investigadora.

Así, el deporte pasa de ser una actividad de ocio, bienestar y agradable, de desconexión (es decir, de no producción), a ser una actividad productiva más encajada en agendas infernales, un lugar más al que acudimos como robots, sin alegría, sin sangre en las venas, sin ganas de vivir. Sería mucho más cómodo tomarnos una pastillita, un suplemento: la ciencia al servicio del capitalismo. Te la recetaría tu médica de cabecera, la patronal estaría encantada: «La clase obrera no tiene tiempo para hacer deporte porque está trabajando, pero hemos creado unas pastillas para generar en su cerebro los mismos efectos que produce el deporte; trabajadoras más felices, más competentes, más productivas, en mejor estado de salud y sin tener que soltarlas antes de la prisión laboral».

Ahora imaginemos que la trabajadora no es oficinista, sino que trabaja cuidando a personas mayores, que es un trabajo físico y mentalmente cansado. O en un hospital, es enfermera. O es educadora en una escuela infantil. O trabaja en una panadería-cafetería. O en un almacén de ropa. Tiene dos hijas, está sola a cargo de las dos, no tiene red familiar en la ciudad en la que vive y se encarga de toda la logística familiar, además de la tesorería. Tiene una hora de ida y otra de vuelta de transporte público hasta el trabajo, con dos cambios, y no le da tiempo a sentarse y leer. Sale pronto, vuelve lo antes posible, recoge a las niñas en casa de la vecina, se las lleva a la compra, les pone una bañera mientras hace la cena, se come ella sola todas las peleas, crisis, dramas y demás que conlleva el aprendizaje de la gestión de las emociones en la infancia, consigue que se acuesten. ¿Qué va a hacer, ponerse un tutorial de yoga a las 22.30 h en el estado de agotamiento en el que está? Pero ¿qué digo? Si la cocina todavía está por recoger y además hay que poner una lavadora y doblar otra. Mucho mejor una pastillita mágica.

¿Y qué hay de la joven de 28 años que por fin tiene un contrato indefinido y se ha ido de casa de sus padres a vivir con tres amigas? Ella tendría que tener energía y tiempo para hacer deporte, ¿no? Es joven, no tiene compromisos y promete. Pero es que en la agencia en la que la acaban de contratar han confiado en ella y tiene que hacerse valer y demostrar que está dispuesta a darlo todo para que salga el trabajo. Tiene jornada partida, pero nunca sale a las 18.00 h porque todo el mundo se queda haciendo horas extra, así que ella también. Son como una familia y ella quiere formar parte de la familia. Llegará a casa a las 20.00 h, tendrá ganas de estar con sus amigas, de charlar, de cenar juntas, y habrá alguna noche en que el plan será ir al gimnasio, pero muchos días sus compañeras ya habrán ido en otra franja horaria y, finalmente, el plan será otro. Una pastillita no le iría nada mal tampoco a nuestra protagonista. Tiene toda una carrera por delante, es momento de esforzarse.

Se me ocurren muchas personas que no hacen deporte porque no tienen tiempo, o más bien, como dice mi amigo Víctor,* porque eligen invertir el poco tiempo libre que tienen en hacer otra cosa. Tener que elegir es el problema de la clase obrera: tener que elegir entre hacer deporte, leer o participar en algún movimiento asociativo. Para no tener que elegir, hace falta tener más tiempo, y el tiempo, ya lo hemos visto, es una cuestión de clase. Cuando el tiempo no es el problema, terminamos encontrando el momento para hacer algún deporte o actividad física, aunque sea caminar por la orilla de la playa, plantar un huerto o salir en bicicleta. El problema lo tenemos cuando el tiempo es el bien más escaso con el que contamos y tenemos que descartar actividades para priorizar otras. O leo o nado. O voy al cine o salgo a correr. O voy a clase de cerámica o a clase de zumba. O meriendo con mis amigas o voy a yoga. Resulta fácil imaginar un futuro en el que tomemos cada mañana Ozempic y la pas-

* Víctor Garcia Tur, ganador del Premi Sant Jordi 2020.

tilla mágica de deporte, recetadas por nuestra médica de cabecera para que seamos todas delgadas y entusiastas, ahorrando así en comida y en gimnasio: una excusa perfecta para que nos reduzcan los salarios. Tener tiempo para hacer deporte y comer saludable es el lujo del futuro. O quizá del presente.

## La productividad

«Necesidad de incrementar la productividad, crecimiento exponencial, violencia estructural. Trabajar, consumir y dormir. Comer, trabajar y volver a consumir».[25] ¿Incrementar la productividad para qué? ¿Para quién? ¿Se produce una emergencia natural, por ejemplo, y hace falta reconstruir urgentemente carreteras, puentes y vías de tren para restablecer las comunicaciones? Es una muy buena razón para incrementar la productividad. ¿O, por el contrario, por el mismo precio las trabajadoras cuidan al doble de personas mientras el empresario les paga lo mismo y entonces la empresa gana el doble y hay más dividendos para los accionistas? Esa es una razón de mierda para incrementar la productividad. Las trabajadoras lo que necesitan es trabajar al ritmo adecuado para poder hacer correctamente su trabajo, y ese ritmo ni siquiera es el mismo cada día, porque no es lo mismo estar ovulando, estar menstruando o estar en fase lútea. Igual que no es lo mismo haber dormido bien, haber dormido fatal, tener que gestionar asuntos que te generan inquietud fuera de la oficina o haber ido al gimnasio antes de currar a producir una buena carga de endorfinas. No somos

ChatGPT. Las enfermas lo que necesitan es que la doctora tenga el tiempo suficiente para escucharlas con atención y detectar qué les sucede, no solamente el tiempo de recetar una pastilla. Las personas dependientes lo que necesitan es que les dediquen el tiempo adecuado para sentirse atendidas y acompañadas. Las maestras lo que necesitan es una ratio de alumnas y alumnos adecuada, para poder atender correctamente sus necesidades. Las camareras de piso lo que necesitan es un número de habitaciones razonable, para poder hacer su trabajo sin estrés y poder parar a comer.

Y podría seguir. Las publicistas lo que necesitan son fechas de entrega razonables para poder pensar las campañas y entregarlas sin tener que quedarse toda la noche en la oficina haciendo horas extra (sobra decirlo, muy probablemente no remuneradas). «¿Por qué devorar en seis meses el trabajo de todo un año?», se pregunta Paul Lafargue en su irónico ensayo sobre el derecho a la pereza publicado en 1883. El culto a la productividad tiene por únicos beneficiarios a los accionistas. No hay más que ir a una cooperativa y preguntar cómo se organizan los flujos de trabajo. No hay accionistas, las lógicas son otras: las personas en el centro. Si considerásemos lo mediocre como algo positivo y no buscásemos siempre la permanente excelencia, nuestra salud laboral mejoraría notablemente.

Pero ¿en qué consiste exactamente la mediocridad? Ser mediocre es algo así como ser de nivel intermedio, sin destacar, ni por la excelencia ni por la deficiencia. O como diría mi amiga Cris,[26] ser mediocre es ser lo suficientemente buena. Hay días en los que el cuerpo te pide ser mediocre, otros en los que hace falta excelencia. Lo mismo pasa con la productividad. Pero en lugar de adaptarnos a lo que nos dicen nuestros cuerpos, adaptamos nuestros cuerpos a la demanda constante de excelencia y alta productividad. Tanto es así que incluso transformamos nuestra vida no laboral en una carrera por la excelencia, no nos permitimos la mediocridad ni siquiera durante nuestro tiempo libre, hay que leer todos los libros del momento, ver todas las series del momento, apuntarse a un par de formaciones para mejorar competencias y organizar actividades en familia estimulantes y que generen vínculo.*

En el artículo «Cuidarse para seguir funcionando: a cuánto ocio y disfrute renunciamos para mantenernos al 100 % en el trabajo», la periodista Carmen López relata cómo la lógica productivista impregna también nuestra vida fuera del horario laboral. «Ir al gimnasio para estar en forma y aguantar el ritmo, destinar el domingo a preparar táperes y "cargar pilas" para la semana o ir a terapia para conseguir herramientas que permitan controlar la ansiedad. En aras de la productividad eterna, aparcamos placeres y momentos de desconexión para tomar aliento».[27]

Hacer deporte a mediodía en la oficina (cada vez son más las empresas que ofrecen yoga a la hora de comer), formarse durante las vacaciones, pasar la tarde del domingo preparando táperes y bocadillos para toda la semana, hacer deporte para prevenir las dolencias de estar sentada tantas horas seguidas y evitar así tener lesiones,

* No como yo, que ahora mismo tengo a mis hijes viendo *Frozen* para poder escribir este libro.

ir a terapia para canalizar la ansiedad y el estrés (laborales) y poder seguir trabajando. Organizar nuestra vida alrededor de un único elemento central, el trabajo, y con una única lógica, la productividad, seguir rindiendo al máximo, aunque vayamos envejeciendo (y que no se note que envejecemos).

## El trabajo después de los cincuenta

En un grupo de WhatsApp compuesto únicamente por mujeres, salió a debate la dificultad de cambiar de lugar de trabajo a partir de los cincuenta. Incluso afloraron un par de teorías: la primera, que si trabajabas para una empresa era muy difícil la movilidad a otra empresa, dificultad que las autónomas (algunas de ellas con pyme propia) no experimentaban a la hora de seguir creciendo. La segunda, que a partir de los cincuenta las mujeres lo tenían peor que los hombres para seguir creciendo laboralmente. Pensé que, claro, si en las grandes y medianas empresas la mayoría de cargos de responsabilidad los ostentan hombres, la cosa se complica para las mujeres de más de cincuenta años, que acumulan la experiencia y los conocimientos suficientes para ocupar uno de esos cargos pero tienen pocas sillas a su disposición (ahora todavía habrá menos, con la eliminación de las políticas de la diversidad en las grandes empresas a raíz de la llegada de la era Trump-Musk)[28] y eso supone una pérdida de talento enorme.

Según Forbes,[29] en 2024, las mujeres ocupaban en España el 40 % de los cargos de responsabilidad en empresas de tamaño mediano, pero solamente el 3 % estaban en la presidencia y únicamente el 8 % eran socias. Las mujeres suelen ocupar cargos en las direcciones de recursos humanos (41 %) y financieros (31 %). Sin embargo, solamente el 27 % ocupan posiciones estratégicas, como la de CEO. Tiene cierto sentido, por consiguiente, que las mujeres que lideran su propio proyecto (autónomas, con pymes), construido a su manera, con sus ideas y con sus valores, a diferencia de las que trabajan por cuenta ajena, encuentren a partir de los cincuenta mayor reconocimiento de su experiencia, ya que no dependen del entramado empresarial patriarcal. Pero no queramos saber cuántos millones de horas extra han hecho esas mujeres autónomas.

Es terrorífico pensar que a partir de los cincuenta la estabilidad laboral peligra, sobre todo si tenemos en cuenta que la patronal nos quiere trabajando hasta los setenta, ¡eso son veinte años! Veinte años perdiendo valor de mercado porque eres demasiado mayor, porque tienes demasiada experiencia, porque sabes demasiado, porque has acumulado demasiados trienios, demasiadas subidas salariales, porque estás demasiado cualificada para este puesto de trabajo, porque le sales muy cara a la empresa. Un joven hará lo mismo que tú por la mitad de sueldo, vaya.

En el artículo «Funcionarias a los 40: por qué cada vez más mujeres se refugian en lo público en mitad de sus carreras»,[30] Begoña Gómez Urzaiz relata la historia de varias mujeres de entre 38 y 52 años que, después de trabajar en el sector privado la mitad de sus vidas, deciden presentarse a una oposición. Desde una peluquera que tuvo que dejar su profesión por problemas respiratorios (enfermedad laboral) hasta una abogada que trabajó en el equipo legal de una de las *big four* y cuando pidió una reducción de jornada por maternidad le pusieron un techo de hormigón encima para que no siguiese ascendiendo. Estas historias me resultan familiares, yo también tengo a una amiga que acaba de entrar en la Administración pública después de dos años de exámenes y entrevistas, a otras dos preparando oposiciones y a unas cuantas más que se lo están pensando. Todas de edades comprendidas entre los 35 y los 45 años. Y es que la Administración pública no te penaliza por tener un agujero de diez años en tu currículum; una vez tienes tu plaza, es para toda la vida y, además, nadie te pone problemas a la hora de pedir una jornada reducida.

## Nota para mi editora

Mientras escribía este capítulo me han interrumpido veinte veces (o más). He perdido el hilo veinte veces. He tenido que volver a concentrarme veinte veces. La conciliación no existe, o haces una cosa o haces la otra. Y si haces la otra, tiene que haber alguien haciendo la una, porque, si no, no funciona. Es agotador.

# Aquí no hay quien viva

Tras mucho tiempo analizándolo he observado que el factor que mejor determina si un trabajador desarrollará ansiedad es la cantidad de tiempo libre que su trabajo le deja para estar con su familia y sus amigos.

ALEJANDRO CENCERRADO,
«Más trabajo, más ansiolíticos», *El País*[1]

## Los cuidados

«El trabajo social y reproductivo se hace de forma no pagada en los hogares y eso nos aboca, como plantea el feminismo, a una crisis, pues avanzamos hacia escenarios donde se va a demandar una creciente cantidad de cuidados (mayores, infancia, enfermos...). Ante esta evidencia hay varias respuestas. La solución conservadora es que las mujeres vuelvan al hogar y hagan este trabajo gratis. En la solución capitalista, vinculada al feminismo liberal, las mujeres deben acudir al mercado, hacer dinero y contratar a alguien más pobre para que haga estas tareas»,[2] Kristen R. Ghodsee, investigadora en formas alternativas de convivencia, propiedad y crianza, etnógrafa y profesora de Estudios de Rusia y Europa del Este de la Universidad de Pensilvania.

Miércoles por la tarde, sales tardísimo de trabajar, porque francamente a las seis es tardísimo, vas directa a hacer la compra, como has olvidado pillar una bolsa de tela y no quieres cargar tú sola con la responsabilidad de destruir el planeta por culpa de una bolsa de plástico, metes toda la compra como puedes entre la mochila y el bolso mientras el 1 % más rico del planeta ha consumido ya su cuota de carbono a día 10 de enero.[3] Llegas a casa y hace rato que es de noche y la colada se te ha humedecido —qué mala pata con el día radiante de sol que ha hecho—, la sacas y la esparces por el salón a ver si se le quita la humedad. Organizas la compra, vacías el lavavajillas, sacas la fiambrera sucia y la metes en el lavavajillas. Haces la cena, haces la comida para la fiambrera de mañana, son las tantas, cenas, bajas las basuras, cada una al contenedor del color pertinente porque no quieres cargar tú sola con la responsabilidad de destruir el planeta mientras el 1 % más rico del planeta ha consumido ya su cuota de carbono a día 10 de enero. Te pones el pijama, sopesas si la ropa ya está seca como para doblarla o si la dejas esparcida hasta mañana por la noche ya que por la mañana no te va a dar tiempo a doblarla. Mañana quieres ir a entrenar un rato y también tendrías que ir a ver a tu abuela / a tu madre / a tu hermana / a tu amiga, ¿tienes ropa de deporte limpia? Tendrías que ir también a por el resto de la compra que no has hecho porque no llevabas bolsa de tela y no te cabía, tienes que acordarte de pillar bolsa de tela porque no quieres cargar tú sola con la responsabilidad de destruir el planeta mientras el 1 % más rico del planeta ha consumido ya su cuota de carbono a día 10 de enero. La ropa, si eso, ya la doblarás pasado mañana, te quedas frita en el sofá. Ahora imaginemos la misma historia añadiendo a personas más o menos dependientes: una madre, un padre, un par de hijas, una abuela, un hermano, una amiga.

La solución capitalista, ir al mercado a trabajar y ganar dinero para externalizar la tarea, funciona tanto con el trabajo del hogar como con el trabajo de los cuidados, pero hay una diferencia fundamental, y es que el trabajo del hogar se puede hacer durante muchas franjas horarias (el fin de semana, por la noche), así que, si no tienes el poder adquisitivo suficiente, siempre lo puedes asumir tú personalmente. Si optas por externalizar debes respetar los derechos laborales de las trabajadoras del hogar,[4] tanto si contratas por horas como si contratas a una persona interna. En caso contrario estarás incurriendo en una infracción laboral y de la normativa de la Seguridad Social.

Lo que sucede con el trabajo de los cuidados es que resulta que no se puede hacer a cualquier hora, se tiene que hacer durante unos horarios concretos, antes de la jornada escolar y después, o tres veces al día, desayuno, comida y cena, por poner dos ejemplos. Y eso implica que la opción de asumirlo tú misma puede ser incompatible con tu jornada laboral, al menos con la jornada laboral completa. En España, el 73,6 %[5] de los contratos a tiempo parcial los concentran las mujeres. Por las mañanas puedes dejar a tus hijas a las 8.00 h en el cole y así llegas a las 9.00 h a trabajar. Factura. Por las tardes puedes dejar a tus hijos en extraescolares hasta las 17.30 h. Factura. Pero igual no llegas a esa hora, así que contratas a una niñera. Una niñera que no cotiza, que no está de alta en la Seguridad Social, de 17.30 a 19.00 h. Factura, pero esta vez sin impuestos. ¿Os imagináis una campaña de sensibilización estatal advirtiendo a las familias que deben dar de alta a las niñeras, que deben respetar sus derechos laborales? En realidad, es lógico, debería ser así, están cuidando a las personas que más queremos. Pero a ningún gobierno se le ocurrirá jamás semejante cosa porque entonces se pondrán en contra a todas las familias, que les preguntarán: «¿Dónde está el estado del bienestar de 16.00 h a 9.00 h?». Sálvese quien pueda.

Existen, por supuesto, más propuestas para afrontar el trabajo doméstico y de los cuidados. El socialismo propone gestionar estas cargas de trabajo a través del Estado y los servicios públicos, previo pago de impuestos, del mismo modo que se gestionan la educación pública y la sanidad pública. Incluso hay quien plantea reimaginar los cuidados y las tareas domésticas, empezando por los espacios donde ocurren y asumiéndolos de forma colectiva y cooperativa. Pero el Estado tiene pánico a que le preguntemos dónde están los servicios públicos y gratuitos de niñeras municipales, por qué los horarios laborales son incompatibles con los horarios escolares, por qué no hay plazas públicas en centros de día para todas las personas mayores, por qué no hay residencias públicas para todas las personas que las necesitan, por qué se externalizan los servicios públicos esenciales de los cuidados, por qué el servicio de atención a domicilio tiene asociada una carga horaria insuficiente. Al final todo el mundo mira hacia otro lado. El Estado, las familias, las niñeras.

Y, sin embargo, es perfectamente posible poner en marcha un servicio de niñeras público y gratuito, simplemente hace falta presupuesto público y voluntad política. El Ayuntamiento de Barcelona, bajo el mandato de Ada Colau, puso en marcha el proyecto Concilia,[6] un servicio municipal de niñeras disponible en los barrios que forman parte del Pla de Barris,[*7] un programa desarrollado para reducir la desigualdad entre barrios trabajando en los barrios menos favorecidos. A partir de allí nació el Concilia Cultura, el mismo servicio municipal también disponible en algunos centros culturales, museos y teatros para fomentar que las personas con peques de 1 a 12 años asistan a exposiciones, funciones teatrales o talleres de centros cívicos, por ejemplo. Imaginemos un servicio Concilia para todas las familias de la escuela pública, por ejemplo, todas las tardes entre semana de 15.00 h a 20.00 h, con su propuesta pedagógica y educativa adaptada, profesionales con condiciones laborales dignas y financiado por el Estado. ¿No sería genial?

En el capítulo de *Hora 25 de los Negocios* del 24 de octubre de 2024, «Economía de los cuidados»,[8] Javier Ruiz empieza entrevistando a su madre, una de las 5,9 millones de personas en España que han dedicado su vida

* El Pla de Barris es un programa municipal del Ayuntamiento de Barcelona que nació en 2016 con el objetivo de reducir las desigualdades entre los barrios. Se centra en 27 barrios, donde se llevan a cabo actuaciones especiales que contribuyen a reducir la desigualdad.

al cuidado sin remuneración alguna y, por lo tanto, sin cotizar. Como mi abuela, por ejemplo, que percibía una pensión no contributiva con la que jamás habría podido pagar un alquiler. Según explica el periodista, este trabajo gratuito supondría, si fuese remunerado, casi 426.000 millones de euros, y haría subir el PIB un 26 %. El reportaje cuenta que el 73 % de las cuidadoras no remuneradas son mujeres (así como el 82 % de las cuidadoras remuneradas), y que solamente el trabajo gratuito en cuidado de la ropa está valorado en 44.000 millones de euros, el doble de lo que España gasta en desempleo.[9]

Además, en España, más del 50 % de los contratos a tiempo parcial firmados por mujeres son no deseados. No deseados porque esas personas querrían trabajar más horas y ganar más dinero, porque así no tendrían que tener un segundo empleo* para completar su sueldo. Estas cuidadoras están especialmente en riesgo de sufrir estrés laboral ya que su jornada laboral nunca termina, siempre están trabajando, es como si durmieran en la oficina. El sistema está pensado tal que así: si tienes personas a cargo, es tu problema. Y a lo mejor te ayuda un poquito con alguna cosilla, pero el resto lo asumes tú. Mi padre siempre dice que el día en que vea que es un estorbo se irá al bosque y no volverá. A mí me da miedo que se lo coman los osos, pero entiendo a mi padre; yo tampoco quiero ser un estorbo.

Al final del mismo capítulo de *Hora 25 de los Negocios*, la catedrática en Economía y especialista en Estudios de Género Cecilia Castaño[10] ofrece soluciones. La

* Es lo que Helen Hester define como «cultura del ajetreo».

primera es la creación de un servicio público de cuidados, que, como hemos visto, es perfectamente posible. Pone el ejemplo de las personas mayores que viven en su casa y tienen un grado de dependencia *x*, esas personas deberían poder recibir la visita tres veces al día de una cuidadora o cuidador del servicio público que las levante y les dé el desayuno, las ayude con la ducha, a mediodía con la comida y por la tarde con la cena. O que las acompañe a pasear, a hacer la compra en el mercado y a volver a subir al tercero sin ascensor. En Barcelona existe el Servei d'Atenció Domiciliària (SAD),[11] que tiene exactamente la misión de acompañar a personas vulnerables y parcialmente dependientes, pero al estar gestionado por empresas privadas que buscan exclusivamente el beneficio económico, el servicio es insuficiente. A menudo las trabajadoras, que tienen contratos a tiempo parcial no deseados, encadenan servicios, corren de un hogar a otro y realizan tareas muy duras físicamente, como levantar a personas mayores a pulso sin ningún tipo de tecnología que las ayude, ya que se trata de domicilios particulares.

De acuerdo con el artículo «"Se busca cuidadora": España se asoma al abismo de no encontrar trabajadoras» de *elDiario.es*, «serán necesarios 212.000 puestos de trabajo más en 2040 para atender la demanda que existe, según el Imserso»,[12] pero las condiciones salariales son tan malas (el salario mínimo pero a jornada parcial; es decir, menos de 1.000 € mensuales) que las trabajadoras suelen tener un segundo trabajo y, en cuanto pueden, cambian de empleo a uno mejor remunerado y menos duro emocional y físicamente. En los domicilios, por lo general, no disponen de ayuda técnica, como por ejemplo grúas. Si la paciente no se puede levantar sola, esto supone un riesgo tremendo para la salud de la trabajadora. Además, los servicios están cronometrados, pero las pacientes son personas que en algunas ocasiones no verán a nadie más en todo el día, no conversarán con nadie más. La situación de precariedad y agotamiento se repite en las residencias, a pesar de disponer de medios técnicos: muchas trabajadoras terminan de baja médica y las plantillas son tan justas que si falta alguien se genera una rueda de sobrecarga de trabajo para el resto.

Otra medida absolutamente urgente es universalizar la gratuidad de los centros para las niñas y niños de 0 a 3 años, con plazas públicas para todo el mundo que las solicite. ¿En qué momento nos ha parecido normal que cuando terminan las bajas de maternidad/paternidad y tenemos que volver a trabajar tengamos que pagar de nuestro bolsillo para dejar a nuestras hijas en manos de profesionales de los cuidados mientras volvemos a dedicar nuestro tiempo a producir y a cotizar? Debería ser un servicio público y gratuito financiado por el Estado, con salarios dignos para las trabajadoras y ratios razonables. Para ello habría que empezar doblando el presupuesto para familias a fin de reducir las desigualdades entre las familias con y sin hijas e hijos. Es una de las medidas que propone la ONG Save the Children, que presentó a finales de 2024 un detallado informe[13] sobre los costes de la crianza. Cada hije les cuesta a las familias de media 758 € mensuales, que van desde los 604 € mensuales para la franja 0-3 hasta los 807 € mensuales para la franja 13-17, y que sube hasta 938 € si vives en Cataluña. De los 0 a los 12 años el gasto en conciliación es muy elevado. A medida que los hijos e hijas crecen, el gasto en alimentación se convierte en la partida más grande, con las implicaciones que ello conlleva en la salud y el desarrollo. Viendo el percal, no es nada sorprendente que exista una brecha entre las familias que cuentan con abuelas y las que no, tanto en conciliación como en alimentación.

## El tiempo de las abuelas

«El 35 % de los mayores de 65 años españoles cuida de sus nietos varios días a la semana, un porcentaje superior en 12 puntos a la media europea y muy por encima también de otros países como Francia, el 13 %, o Alemania, el 15 %, según datos de Eurostat».[14]

A mí me venía a buscar mi abuelo a las 17.00 h al cole y me pasaba toda la tarde a cargo de mi él y de mi abuela, que muchas noches me daba la cena. Mi abuelo me acompañaba de un lugar a otro, a patinaje, a cerámica, y los días en que no había extraescolar volvíamos a casa paseando por la avenida Maria Cristina, que a veces estaba cerrada porque había alguna feria.* Para no tener que dar la vuelta al recinto, mi abuelo negociaba cada año un carnet «de paso» para cruzarlo, una especie de salvoconducto con el que nos permitían transitar siempre por nuestro camino, estuviese cerrado al público o

* En los pabellones de Fira Barcelona de la avenida Maria Cristina ya no se celebran tantas ferias, pero en los años ochenta y noventa era el recinto ferial más importante de Barcelona.

no. Cuando le parecía interesante lo que se exponía en la feria nos desviábamos de nuestro camino para meternos en los pabellones y curiosear, supongo que por eso cuando el Sónar se trasladó al recinto de Maria Cristina me sentí como en casa. Las cenas de mi abuela, vistas con perspectiva, eran pura inteligencia nutricional popular. Siempre había un primero y un segundo: arroz hervido con patata de primero, rape de segundo, sopita de letras de primero, berenjena y *llomillo arrebossat** de segundo, lentejas guisadas, salchichas y una patata frita, tortilla a la francesa, guiso de caracoles, tortilla de arroz (¡esto me encantaba!), sémola de arroz... Podría pasarme medio libro citando los platos que cocinaba mi abuela. En el centro de la mesa siempre había una ensalada de lechuga y tomate, un poco de pan, y de postre, fruta o yogur (y a veces Petit Suisse de fresa[15]). A menudo mi madre o mi padre me recogían directamente para llevarme a dormir a casa; ya había visto *Vacaciones en el mar* y había cenado. Otras veces dormía en casa de mi abuela, así mi madre y mi padre podían salir, ir a cenar, al cine, a bailar, y si caía en viernes yo podía ver el *Un, dos, tres*. Cuando me ponía enferma, también me cuidaba mi abuela.

Mi madre y mi padre siempre han valorado el tiempo, por eso invirtieron todo ese tiempo que yo pasaba con mi abuelo en hacer cosas como participar políticamente, socialmente, sindicalmente, culturalmente. Me han enseñado que el tiempo es para disfrutarlo, para hacer con él lo que quieras, por ejemplo ir al teatro, a conciertos,

* Así es como las madres y las abuelas de Catalunya llamaban al lomo rebozado en los ochenta y noventa, ignoro si todavía se lleva el término.

al museo, o directamente no hacer nada. Mi abuela y mi abuelo, como ya mencioné, forman parte de una generación a la que nunca le perteneció el tiempo; vendían su fuerza de trabajo, nunca se plantearon que el tiempo fuese suyo, pero en cambio lucharon para que fuese de sus hijos. Cuidarme no les ocupaba lugar porque ¿qué otra cosa iban a hacer? Y a mí, me hicieron inmensamente feliz.

No es de extrañar que las abuelas y los abuelos de hoy quieran disponer de su tiempo a su antojo, porque valoran el tiempo, y si ya disfrutan de su jubilación (no siempre es el caso) no consideran ponerlo todo a la disposición de sus nietas, como hizo mi abuelo conmigo. El tiempo es uno de los activos más importantes de los que disponemos la clase trabajadora y una vez llegada la jubilación, en la que la salud está en riesgo y el dinero lo recibes en forma de pensión gracias a lo que queda del Estado del bienestar, el tiempo pasa a ser seguramente lo más importante de tu pirámide de Maslow. Y quieres dedicarlo a muchas cosas. Pasar tiempo con tus nietas puede ser una de esas cosas. Pero no es lo mismo pasar tiempo que cuidar. Y cuidar cansa, y tú ya llevas toda la vida trabajando, ya estás cansada.

Muchas de nosotras crecimos en casa de nuestras abuelas y al devenir madres creímos que nuestras madres serían ahora esas abuelas. Pero nuestras madres tenían otros planes, sus propios planes, su propia vida, y es precisamente porque nuestras madres tenían vida propia por lo que nosotras hemos salido así. Y, sin embargo, muchas de esas abuelas, con otros planes y sueños, ahí están, cuidando a sus nietas cada semana para que su hija pueda escribir un libro (*gràcies*, *mama*) o simplemente para que sus hijas e hijos cumplan con la jornada laboral.

Cualquier día de invierno entre semana, hacia las 11.00 h, si vas al parque con tu bebé porque todavía estás de baja o porque no puede ir a la escuela infantil porque dio positivo en alguna movida contagiosa (covid, sarna, etc.), verás a abuelos con la mirada perdida a cargo de bebés no escolarizados porque no consiguieron plaza pública y la familia no puede pagar 500 € al mes en la privada. Mientras el bebé se llena de arena, la abuela prepara la comida; cuando lleguen a casa la abuela le preguntará que cómo la trae así tan llena de arena, que ahora hay que bañarla. Luego le darán de comer y la acostarán para que duerma la siesta. Cualquier tarde a las 17.00 h saliendo de currar verás a abuelas disociadas transportando a niñas en metro o autobús o caminando de un punto A a un punto B. Muchas se han rendido y le han dado el móvil para que juegue o mire un dibujo animado. Porque una cosa es pasar tiempo con tus nietas y otra es gestionar su logística, cruzar la ciudad en transporte público, en hora punta, abarrotado, o llevarla a extraescolar de piscina, ponerle el bañador, esperar a que salga, ducharla, ponerle el pijama, llevarla a casa. La logística es agobiante, estresante, no da lugar a la improvisación, a la libertad, a la creación, hay que cumplir con los horarios. Y todas esas extraescolares que están en otro barrio de rentas más altas son superimportantes en la competición por tener hijas más y mejor capacitadas.

A esos abuelos y abuelas seguramente nadie les ha preguntado si quieren hacerse cargo de sus nietas y nietos, simplemente se los han encasquetado. Al final resultaba que si tenías hijas había que cuidarlas, pero tú no llegas a casa de currar hasta las 19.00 h como muy pronto ¿Quién se encarga de ellas hasta esa hora? ¿Quién las lleva y las recoge de las extraescolares? ¿Quién las baña y les prepara la cena?

Es una suerte tener abuelas que ponen límites y dicen «mira, yo solamente puedo un día a la semana», porque hace que valoremos su tiempo, porque son un referente para las pequeñas, que el mensaje que reciben es: «El tiempo de la abuela es valioso, el tiempo en general es valioso». Es una mierda que el sistema esté pensado para que haya abuelas cuidando gratis mientras sus hijas trabajan, o para que haya madres renunciando a un cuarto de su sueldo para llegar a las 16.00 h a buscar a sus hijas al cole. Es un fracaso que haya abuelas transportando nietas de la escuela a la extraescolar sin ningún tipo de ganas de estar haciendo eso, con resignación, soñando con cualquier otro plan elegido por ellas mismas. Además, luego están las vacaciones escolares.

## Las vacaciones de verano y allegados

El 14 de septiembre de 2024 se me ocurrió abrir el melón de la semana de adaptación* en Instagram[16] y se armó una

* La semana de adaptación es la primera semana de escuela para la infancia de 0, 1, 2 y 3 años (se puede alargar a dos semanas para las más pequeñas y suele ser de una semana para quienes ya tienen 2 y 3 años). Consiste en adaptarse a la dinámica escolar poco a poco: el primer día una hora, el segundo día un poco más y así hasta quedarse a comer y luego por la tarde. Cada peque necesita una adaptación distinta porque cada persona es diferente, pero no existe ningún permiso laboral para acompañar esta semana.

curiosa discusión en mi muro. A pesar de que algunas personas lo leyeron como un ataque a las docentes y a la escuela, la gran mayoría de personas concordaban en que por muy buena que fuese la semana de adaptación para los biorritmos emocionales de nuestros tesoritos, si no se acompañaba la medida de un permiso laboral remunerado, terminaba siendo una odisea para las familias. Guardar días de vacaciones para hacer la adaptación, pedir teletrabajo para hacer la adaptación, gastar una parte del permiso parental no remunerado de ocho semanas[17] para hacer la adaptación o directamente endosarle la adaptación a las abuelas y los abuelos de España. Mientras les ahorramos el susto de aterrizar en la escuela de 9.00 a 16.00 h (o de 8.00 a 17.00 h) de un día para otro, cinco días a la semana, después de casi tres meses de vacaciones, les generamos el estrés de pasar casi toda la mañana solas en casa mirando vídeos mientras mamá atiende videollamadas (un poco *pandemic vibes*) o el agravio de disfrutar unos días menos de vacaciones de verano con papá porque los guardó para la adaptación. En lo que se refiere a las ocho semanas de permiso parental, hay que tener en cuenta que, mientras escribo estas líneas, no se trata de un permiso remunerado y por consiguiente España está incumpliendo la Directiva Europea 2019/1158, cosa que ha conllevado una multa de 10 millones[18] de euros. Y sobre todo hay que tener en cuenta que, al ser no remuneradas, implican una disminución de los ingresos para la familia que las solicite.

Esta problemática en la organización del tiempo y la coordinación de las agendas infantiles con las agendas progenitoras se volverá a dar cada año durante las vacaciones navideñas, luego durante las primaverales y finalmente cuando llegue el verano. Casi tres meses sin escuela. Casi tres meses con la abuela.

Las vacaciones remuneradas de las personas trabajadoras por cuenta ajena en España son, como mínimo, de 30 días naturales;[19] es decir, 22 días laborables. Los convenios pueden mejorar la cantidad de días de vacaciones remuneradas, pero nunca jamás disminuirlos por debajo de 22. En los sectores con fuerte organización sindical se tienen alrededor de 30 días laborables de vacaciones, entre días de asuntos propios, días por antigüedad u otros permisos que han sido negociados por convenio. En su ensayo *Quiero y no puedo: una historia de los pijos de España*,[20] Raquel Peláez, además de repasar la historia de España a través del pijerío patrio, analiza magistralmente la pérdida de consciencia de clase generalizada. Apunta: «Si las vacaciones pagadas y las libranzas equilibradas son el logro del que más orgullo sienten los responsables de la lucha obrera es por algo».[21]

Bien, ahora vamos a sacar la calculadora y el calendario. Pongamos que tienes una hija que el próximo verano tendrá once semanas de vacaciones de verano. Tú tendrás cuatro semanas. Por no complicarlo, haremos como que tienes pareja, que tendrá cuatro semanas también, y supondremos que solamente tenéis una hija. Bien. Si renunciáis a coincidir en vacaciones, podréis encadenar cuatro semanas tú y cuatro semanas tu pareja: os quedarán tres semanas por cubrir. El precio medio de una semana en campamento urbano suele oscilar entre 150 € y 200 € en la escuela del barrio. Pongamos que serán 500 € esas tres semanas. Ahora volvamos al salario mediano en

España en 2022: 22.383,11 € anuales (cómo me gusta volver a este dato todo el rato); es decir, 1.526,3 €/mes con un menor a cargo.*[22] Estaríamos hablando de que ganas 346,77 € cada semana. Pero durante las tres semanas de campamento vas a estar ganando 180 € semanales porque para poder ir a trabajar tendrás que pagar el campamento. No será exactamente así, porque lo pagaréis de la cuenta común, con tu pareja, pero tampoco será exactamente así, porque lo más probable es que queráis coincidir algún día de vacaciones. Entonces pongamos que vais a coincidir dos semanas de vacaciones, luego cada una hará un par de semanas con la niña. Eso os cubre seis semanas de las once, os quedan cinco por gestionar; pongamos que son unos 800 € de campamentos. Es decir, en julio vas a estar cobrando 1.126,3 € al mes, una vez descontados los 400 € de campamentos. ¿Seguimos?

Vale, ahora imaginemos que tu pareja y tú queréis una semana de vacaciones; ojo, no hablo de viajar, simplemente de no tener que cuidar 24/7, de poder aprovechar de 9.00 a 17.00 h para pasear, ir a museos, ver películas, cocinar, pasar tiempo juntas. Eso es otra semana de campamentos (inserte aquí sonido de caja registradora). Y podríamos seguir añadiendo *toppings* (porque siempre puede ser más complicado): con dos hijos, familia monomarental con un hijo y una persona mayor dependiente a cargo, con vacaciones impuestas por la empresa en agosto para ti y tu pareja (es decir, cuatro semanas sobre once

* Los mismos 22.383,11 € anuales, si tienes dos menores de 25 años a cargo, son 1.547,8 €/mes, ya que varían las cargas impositivas. Cálculo según la misma calculadora de salario bruto objetivo de *Cinco Días* y los datos del INE, citados anteriormente.

cubiertas y siete por cubrir). Echas algo en falta en toda esta logística imaginaria, ¿verdad? Las abuelas. Los abuelos. Si existen y están disponibles, son un pilar imprescindible para la gestión de las vacaciones escolares de verano. Pero no siempre están cerca, no siempre gozan de la salud necesaria para poder cuidar, no siempre los hay.

A veces me pregunto por qué tenemos hijas si la jornada laboral está diseñada para que pasen nueve de las catorce horas que suelen estar despiertas entre semana con otras personas, y las cinco horas que nos quedan juntas, o tenemos prisa o estamos ya todas agotadas. Si el calendario laboral está diseñado para que pasen siete de las once semanas de vacaciones con otras personas y las cuatro que nos quedan juntas sean agotadoras. Cuidar 24/7 es peligroso para la salud[23] física y mental, además de muy cansado.

También me pregunto quién inventó la maldita crianza intensiva, la necesidad de imaginar siempre planes geniales y estimulantes, de hacer juntas las galletas de Navidad, de mirar tutoriales de actividades sensoriales para hacer en casa, de recibir todos los boletines con actividades familiares de todos los museos, de seleccionar pelis de Filmin para ver con el proyector en la pared, de hacer un pastel arcoíris sin gluten por su cumpleaños y llevar fruta cortada para toda la clase, de pintar con acuarelas los viernes por la tarde. Menudo agobio solo de escribirlo. Hemos pasado de ver tres horas de tele al día y comer chuches en cada cumpleaños escolar al FOMO[*] (el miedo a perderse algo de lo que pasa ahí fuera) ma-

* FOMO: *fear of missing out* (miedo a perderse cosas).

ternal constante. Y es que encima, además de dinero y esfuerzo (a veces, incluso desmedido), para hacer todas esas cosas hace falta tiempo. Y ¿qué tiempo nos queda a nosotras para pasar con nuestras hijas? Porque en esas cinco horas hay que desayunar, vestirse, preparar las fiambreras de todo el mundo, hay que tender la ropa, destenderla, doblarla, hacer la cena, lavar los platos, hacer la compra, bajar la basura, llenar bañeras, vaciar bañeras, pasar el peine de los piojos, cepillar dientes, leer libros. ¿Y qué hay del tiempo para conciliar contigo misma?

## La empresa quiere ser tu familia, pero ya no te quiere cuando tienes familia

«Divide y vencerás, haz que las mujeres se peleen entre ellas por sus decisiones vitales [...] que consideren que una madre primeriza es la culpable de que tú te tengas que quedar trabajando hasta más tarde en lugar de enfadarte con la empresa por las pésimas políticas de conciliación».[24]

En algún momento a alguien listo y poderoso (o no, tal vez simplemente fue un bobo con suerte) se le ocurrió la excelente idea de enfrentar a la clase trabajadora entre ella con solo una palabra capaz de desatar debates interminables o discusiones irreconciliables. Me refiero concretamente al término *conciliación*, que parece que la cultura empresarial española reserva única y exclusivamente a la conciliación familiar. En realidad, cuando hablamos de conciliación como tal, hablamos del cuidado de los menores de 12 años porque es el que está reconocido legalmente en el artículo 37.6 del Estatuto de los Trabajadores[25] y, por consiguiente, a las empresas no les queda más remedio que aceptarlo.

Los y las trabajadoras con menores a cargo son un poco lastre, tienen derecho a pedir una reducción de jornada y una ley no escrita dice que tienen preferencia a la hora de elegir el turno de vacaciones. Por no hablar de que a los seis meses posparto aparecen cansadas en la oficina y no rinden lo mismo que el resto. Y en cualquier momento les llaman de la escuela con cualquier historia de fiebre y se acogen al permiso de fuerza mayor[26] para abandonar su lugar de trabajo. Que si sueño, que si fiebre, que si vómitos. Y encima todos esos «privilegios» (es decir, derechos) que tienen generan un problema al resto de la plantilla, porque, si se van en medio de la jornada, alguien tendrá que hacer su trabajo; si se piden una reducción de jornada, alguien tendrá que cubrir ese turno. Y así es como el sistema alimenta ese enfrentamiento y esa norma no escrita de que la conciliación está solamente para un club exclusivo de personas: las personas con menores a cargo.

¿Necesitas una reducción de jornada para poder conciliar tu trabajo asalariado con un proyecto personal, como escribir un libro sobre la reducción de la jornada laboral? ¿Para poder conciliar con tus articulaciones, yendo a hacer deporte? ¿Para poder conciliar con tus inquietudes políticas? ¿Para poder conciliar con tus amigas? ¿Para poder conciliar con tu necesidad de descansar? Uy, no. Eso nos va fatal por razones organizativas de la empresa, necesitamos a gente motivada, a gente que crea en el proyecto, ¿entiendes? Si quieres conciliar el trabajo con otras cosas, nos estás demostrando que no estás lo suficientemente implicada en el proyecto. ¿Cómo? ¿Que te gustaría ser madre? Pero si todavía eres muy joven, más adelante, si aquí somos una familia, disfruta la juventud, que luego te quedarás sin vida. ¿No es gracioso que nos quedemos sin vida cuando somos madres? ¿Qué vida?

Cuántas veces hemos oído aquello de «siempre me toca el peor turno de vacaciones, primero eligen los padres, como si el resto no tuviésemos planes» o «el año que viene mi hija cumple doce y se me termina la jornada reducida». Y en todas estas situaciones, la empresa es la única responsable; es la empresa la que podría llegar a un acuerdo con la trabajadora para alargar la jornada reducida si esta lo desea, es la empresa la que debería proporcionar turnos de vacaciones acordes a las necesidades de todas las trabajadoras y no solamente a las de algunas, es la empresa la que debería considerar las solicitudes de todas aquellas personas que quieran reducir su jornada por motivos personales. Pero en vez de reclamar a la empresa, lo que han conseguido es que nos peleemos entre nosotras y que leamos libros de autoayuda que nos cuentan que la solución a nuestros problemas es individual en vez de colectiva; sálvate tú, que se muera el resto.

## A ver si quedamos

Cada vez que quiero quedar con mis amigas terminamos haciendo una encuesta de WhatsApp. ¿Qué días podéis? Yo los martes por la tarde, yo dos viernes al mes, yo puedo los miércoles sin límite horario, yo puedo los jueves pero a las ocho tengo que estar en casa, yo los lunes y los jueves imposible. El pasado viernes dos amigas presentaban un libro en una librería de Sant Antoni, nos avisaron con mucha antelación, pero al final ninguna fue. Una se quedó frita de lo agotada que estaba, otra tenía mucho curro, otras ya tenían planes de antes, yo no tenía niñera. Es solamente un ejemplo de una situación que ocurre muy a menudo. Si algún día presento este libro en alguna parte, me pregunto si mis amigas podrán venir o estarán muy liadas. Incluso cuando organizamos una cena a la que teóricamente todo el mundo podrá asistir, siempre termina fallando alguien. Alguien que está agobiada, que tiene una macroentrega, que está liadísima con la justificación de una subvención cuyo plazo termina mañana, alguien que tiene a su padre en el hospital y a su madre agotada de tanto cuidar, alguien que está emocionalmente cansada porque hay trabajos que cansan mucho por dentro. Los fines de semana son otra categoría, todo el mundo quiere huir de su vida a cualquier otra parte, siempre hay alguien que tiene prevista una excursión, o quizá varias actividades de crianza intensiva, o directamente eres autónoma y los findes son como todos los demás días laborables. Y el domingo además hay que preparar los bocadillos y los táperes de toda la semana. Hacemos planes con millones de días de antelación cuando divisamos un hueco en la agenda. Como dice mi amigo Igor, no somos espontáneas porque somos de clase trabajadora. No nos podemos permitir el lujo de improvisar.

España es el tercer país de la Unión Europea en consumo de antidepresivos.[27] Agotadas y sin tiempo, haciéndolo todo a 1.5x, consumimos por miedo a perdernos algo, a quedarnos fuera. Compramos entradas para conciertos de grandes artistas internacionales dentro de dos meses mientras soñamos con no hacer nada, pero la pobreza del tiempo nos lleva a querer invertir ese bien tan escaso en vivir experiencias inolvidables, en generar recuerdos, en consumir, en vez de invertirlo en descansar o en improvisar.

Para no hacer nada hay que tener un excedente de tiempo libre, hay que tener suficiente tiempo libre como para vivir experiencias y que todavía te sobre tiempo para descansar. ¿Y cuándo tenemos de eso? En la infancia y la jubilación. También, en cierto modo, durante la baja de maternidad y paternidad, seguramente uno de los momentos más reveladores de la vida en materia de tiempo, cuando te das cuenta de que le estás regalando el tiempo al capitalismo y que a cambio solamente recibirás menos horas con ese bebé al que acabas de parir. «Gran parte de la causa por la que padres y madres sienten esta intensa presión en materia de tiempo es por los horarios en los que se mueven, haciendo frente a un mosaico imposible para organizar las actividades de sus hijos».[28]

# Nota para mi editora

Ante grandes problemáticas como la escasez de tiempo libre, la opción fácil es dar consejos individuales e individualistas. Repartir recomendaciones genéricas que te cambiarán la vida si las aplicas tú, perseverante, diligente, cumplidora, sin depender de nadie más. La opción intelectual es ofrecer soluciones globales, cambios estructurales, teorías sin fisuras y con razón. La opción complicada es convencer de que los cambios estructurales se consiguen en común, cuando todas las vecinas nos unimos para secuestrar un autobús, cuando toda la plantilla secunda una huelga, cuando dependemos de lo que hagan las demás, y ellas, de lo que hagamos nosotras; solo entonces, sí, por fin, los de arriba dependen de lo que hagamos las de abajo.

# En busca del tiempo perdido

El trabajo ocupa todo el tiempo y no queda nada de él para la República y los amigos.

JENOFONTE[1]

El libro es el invento más grande del hombre. Lástima que la gente lee poco. No tiene tiempo.

PEPE MUJICA[2]

## Nadie quiere trabajar a jornada completa

¿Quién quiere trabajar a jornada completa? ¡Nadie quiere trabajar más de 30 horas! Lo que queremos es cobrar el sueldo de la jornada completa. Un sueldo de 40 horas (o de 37,5 si cuando se publique este libro ya están aprobadas), que en realidad nos están pagando por dedicarle unas 50 o 55 horas al trabajo (no olvidemos esas 5 horas de pausa obligatoria de la jornada partida y la cantidad de horas que dedicamos a los desplazamientos para ir a trabajar). Si los accidentes que tenemos en esos desplazamientos son considerados *in itinere* (es decir, accidentes laborales), está claro que ese tiempo no es tiempo libre, es tiempo que dedicamos al trabajo, unas 50 horas de nuestras vidas cada semana, más de 200 horas cada mes. ¿Cuántas horas pasamos con nuestras amistades? ¿Cuántas dedicamos a leer, al cine, a la cultura, a ir al estadio a ver al FCB Femení? ¿Cuántas horas pasamos con nuestras familias? ¿Cuántas dedicamos a crear, a practicar aficiones, a participar en espacios autoorganizados que mejoran el común? ¿En qué momento nos ha parecido normal que, mientras los rentistas viven de subirnos el alquiler, los accionistas viven de los beneficios extraordinarios que hacen las empresas gracias a nuestra fuerza de trabajo, los consejos de administración de las eléctricas viven de los beneficios caídos del cielo que nos cobran a la clase obrera, nosotras tengamos que vivir de vender nuestro tiempo a cambio de dinero, renunciando a hacer lo que realmente querríamos estar haciendo? No es normal. No es justo. La jornada laboral fagocita nuestro tiempo y nuestras vidas. Y la única certeza sigue siendo la muerte.

Si tu situación económica te permite seguir viviendo con una reducción de jornada, es posible que la pidas. Si te la dan, por cuidado del menor, por ejemplo, ya nunca más querrás volver a la jornada completa. Porque tu tiempo de libertad vale mucho más que lo que seguramente te ofrezcan por él. El expresidente uruguayo Pepe Mujica, entrevistado por Jack Nicas para *The New York Times* en agosto de 2024, decía: «Eres libre cuando escapas a la ley de la necesidad, cuando gastas tiempo de tu vida en lo que a ti se te ocurre. Si las necesidades se te van multiplicando, gastas el tiempo de tu vida en cubrir las necesidades. Ahora, los humanos podemos crear necesidades infinitas. Resulta que el mercado nos domina y se queda con todo el tiempo de nuestra vida».[3]

El precio al que la empresa te compra las horas es un precio fijo; pongamos que son los 22.383,11 € anuales del salario mediano en España en 2022;[4] es decir, 1.507,5 € al mes (12,83 % de retención[5]) por 40 horas. Así pues, serían 16.787,33 € por 30 horas, 1.204,8 € al mes (7,22 % de retención). O bien 19.585,22 € por 35 horas, 1.341,4 € al mes (11,46 % de retención). Al precio al que cobramos las horas por una jornada de 30 horas, deberíamos ganar, por 40 horas, un salario de 1.610,93 € (97,33 € de diferencia). Al subir el IRPF a medida que cobramos más, el precio percibido por las horas trabajadas disminuye, porque al ir cambiando de tramo reciben distintos tipos de retención. Es positivo que suba el IRPF a medida que aumentan los salarios, ya que el IRPF es el impuesto más justo, porque es progresivo, a diferencia del IVA, que pagamos todas por igual, cobremos menos o mucho menos. Si cobras 200.000 € anuales, por ejemplo, se te aplicará un tipo del 38,77 %.[6]

Pero si por lo que sea eres rico y en vez de trabajar inviertes y ganas 200.000 € en dividendos, simplificando porque es complejo, pagarás un 23 % de IRPF por el tramo de 50.000 € a 200.000 € (es decir, por 150.000 €). Y si ganas 400.000 € anuales en dividendos, pagarás un 27 % de IRPF[7] por el tramo de 200.000 € a 400.000 €, aproximadamente, mientras que alguien que realmente trabaja por un salario de 70.000 € paga un 37 % de IRPF por el tramo de 35.200 € a 60.000 € y un 45 % por el tramo de 60.000 € a 70.000 €. Por otro lado, si por lo que sea, en vez de trabajar, heredas un patrimonio inmobiliario de nueve apartamentos, vives en uno, alquilas los demás y obtienes un rendimiento neto[8] del capital inmobiliario de 200.000 € anuales, pagarás un IRPF del 45 %,[9] con una gran diferencia respecto a las rentas del trabajo: si eres rentista disfrutarás de como mínimo un 50 % de reducción[10] sobre la base imponible. Es decir, de tus 200.000 € de rendimiento neto, pagarás el 45 % de IRPF sobre solamente el 50 % de ese rendimiento, o sea, sobre 100.000 €. Según la casuística, podrías llegar a beneficiarte de un 60 %, 70 % o incluso 90 % de reducción. Es curioso que ser rico e invertir genere más beneficios que ser pobre y trabajar, parecería que debiera ser al revés, ¿no? Unos impuestos del 94 % para los ricos estarían bien. No sé qué tiene de sorprendente esta idea, ya la aplicó Franklin D. Roosevelt en su momento[11] y funcionó la mar de bien. Una persona que gana 1.000.000 € en beneficios y paga un 94 % de impuestos (940.000 €) obtendrá un beneficio neto de 60.000 €, que es más del doble que los 22.383,11 € anuales de salario mediano.

El problema es que muchas empresas te obligan a volver a prisión después de la reducción de jornada por cuidado de menores hasta 12 años, por mucho que solicites seguir con la jornada reducida. Te quieren ahí. A disposición. Aunque no estés haciendo nada. Aunque tu volumen de trabajo sea el mismo, porque recordemos que cuando pides reducción de jornada no te reducen el volumen de trabajo. Nadie quiere trabajar 40 horas (ni 37,5), la gente simplemente está ahí porque hay que estar, soñando con irse. Citando de nuevo a Pepe Mujica: «Uruguay tiene 3 millones y medio de habitantes. Importa 27 millones de pares de zapatos. Hacemos basura. Trabajamos en pena. ¿Para qué?».[12]

## La pobreza del tiempo

La pobreza del tiempo es fundamental para mantener a las masas trabajadoras silenciadas. Sin tiempo libre no podemos florecer, sin tiempo libre siempre estamos agotadas y cuando tenemos un poco de tiempo libre necesitamos descansar, descansar como primera necesidad vital. Si después de descansar nos queda tiempo, entonces lo dedicaremos a alguna de las cosas que más ilusión nos haga. Durante la semana habitualmente tenemos poco tiempo libre. La falta de tiempo nos impide tener tiempo suficiente para parar y pensar y desarrollar ese odio de clase tan necesario, y también nos impide poder dedicar tiempo a cualquier tipo de activismo que nos mejore la vida y mejore la sociedad en general (espacios vecinales, espacios escolares, activismos políticos, sindicales, antirracistas, etc.). Otra cosa que solemos hacer (la clase trabajadora) es acumular muchas horas de trabajo para avanzar y avanzar y así condensar el tiempo libre todo junto (como el fin de semana o las vacaciones, por ejemplo) y entonces hacer algo que nos haga mucha ilusión y para lo que hemos (seguramente) ahorrado mucho. A menudo es una trampa para nosotras mismas, nunca encontraremos el momento para disfrutar de esas vacaciones que hemos ido acumulando porque tenemos demasiado trabajo o simplemente porque llegará el 31 de diciembre y el departamento de recursos humanos nos recordará que no es obligatorio disfrutar del derecho a las vacaciones pagadas.

Hay muchas maneras de generar la pobreza del tiempo. El resultado perfecto es la combinación de todas ellas: obligarnos a trabajar tantísimas horas bajo pretexto de que, si no, no hay tiempo suficiente para conseguir «los objetivos». Que los precios de los alquileres sean tan y tan elevados que tengamos que vivir lejos y dediquemos cada día dos horas al transporte laboral. La jornada partida con una hora en medio «para comer». La parcialidad involuntaria que implica el pluriempleo para llegar a fin de mes y que multiplica los desplazamientos y las horas dedicadas a la actividad laboral. La sobrecarga de trabajo cada vez que alguien está de baja por enfermedad, por maternidad o por lo que sea, porque «uy, es muy difícil encontrar un perfil para este lugar de trabajo, tendríamos que formarle y no hay tiempo, mejor sobrecargamos al equipo», ya que como no sabíamos que estaba embarazada desde hace seis meses no lo hemos podido prever (como si fuese *Mad Men*). Las horas extra no remuneradas porque hay que demostrar compromiso, hay que cumplir con la meritocracia.

Es una receta extremadamente perfecta, porque tanto la patronal como el Ibex 35 y demás detentores del poder (los bancos, los fondos de inversión, los tecnoseñores feudales) lo último que quieren es que la clase trabajadora tenga poder, porque entonces podríamos pedir explicaciones, responsabilidades, podríamos recoger firmas para iniciativas legislativas populares, podríamos participar en los consejos de barrio, podríamos paralizar la economía del país con una huelga general. Así que la mejor manera para que no nos impliquemos en ninguno de esos espacios de participación ciudadana es la pobreza del tiempo: «A los miembros de las clases altas [...] les preocupa mucho el uso del tiempo que hacen los trabajadores y se afanan en que dispongan del mínimo posible».[13] No importa si realmente hace falta trabajar tantas horas con jornada partida: lo que importa es dejarnos sin tiempo, dejarnos sin energía; por eso necesitan comprarse relojes grandes y caros,[14] para controlar mejor nuestro tiempo.

¿Qué pasaría si tuviésemos tiempo para organizarnos y participar? Para parar la economía productiva no acudiendo a trabajar, manteniendo cerrados los comercios, haciendo huelga de consumo y parando el transporte de mercancías. Para parar la economía financiera, haciendo creer a los mercados que la situación es problemática hasta el punto de generar una caída en bolsa. ¿Qué pasaría? Eso sí que les disgustaría. Para evitar que nos planteemos esa posibilidad, nos dejan sin tiempo. El problema que le supone a la GRAN patronal[*] la reducción de la jornada laboral manteniendo salarios no es el de la liquidez. Por mucho que insistan en ello, es básicamente mentira. Lo sabemos, habrá que contratar a personas para compensar las horas que se reduzcan. Por ejemplo, si 15 trabajadoras reducen su jornada 2,5 horas cada una, el resultado son 37,5 horas, así que por cada 15 trabajadoras habrá que contratar a una nueva. El problema de liquidez se resuel-

* Es diferente en el caso de la pequeña y mediana empresa, donde la realidad es otra.

ve de forma relativamente sencilla: se les paga menos beneficios del capital a los accionistas y listo, ya que de todos modos los rendimientos del capital tienen una carga impositiva inferior a la de los rendimientos del trabajo, no gobierna Roosevelt.

El problema real de la reducción de jornada es el problema potencial que supone que la clase obrera tenga más horas libres. Sobre todo si son realmente horas libres y no las estamos invirtiendo en un segundo empleo para completar el primero (por eso es tan importante garantizar que los salarios no se reduzcan y por eso las pymes deben llegar a un acuerdo con el Estado para articular ayudas que les permitan llevar a cabo la reducción de la jornada). Porque al tener más tiempo libre nos podemos organizar y, si nos organizamos, tendremos cada vez más poder y, si tenemos más poder, suponemos un problema para su sistema (el neoliberalismo económico, el tecnofeudalismo, como se llame), que se basa en la explotación de la clase trabajadora y en la sustracción de la riqueza allá donde la haya hasta dejarlo todo seco y luego irse a otra parte a por más. ¿Os lo estáis imaginando? ¿Os estáis imaginando que tengamos más horas libres y las invirtamos en luchar en reducir más la jornada para tener todavía más horas libres?

En lugar de eso consumimos las vidas de los ricos, seguimos sus cuentas de Instagram, vemos series sobre ricos, leemos la prensa del corazón, nos mandamos *stickers* de ricos por WhatsApp. Hay toda una estrategia orquestada para que en vez de querer comerte[15] a los ricos tengas más bien ganas de ser como ellos. Parece totalmente lógico que si estás extenuada no tengas fuerzas para comerte a los ricos, lo que tú querrías es ser ellos para no estar agotada o para estar agotada y que alguien te preparase la cena y otra alguien bañase y acostase a tus tres hijas y dos hijos. En lugar de ello, después de las 55 horas dedicadas a trabajar tienes que asumir la segunda jornada laboral, la de cuidados de personas dependientes.* O quizá te quedas haciendo horas extra o tienes un segundo trabajo para poder externalizar los cuidados al sector privado, explotando así a otras personas en situación más precaria y convirtiéndote así en la trabajadora y la empleadora, la explotada y la explotadora, mientras el Estado transfiere la responsabilidad del cuidado a las familias en vez de financiarla masivamente con los impuestos que deberían estar pagando las rentas del capital. ¿Cómo te va a quedar energía para salir ahí fuera a cazar ricos para cenártelos? Te pides algo a domicilio y pones una serie sobre ricos, como *The White Lotus.*

## Cuidarse para rendir, formarse para rendir

«Esa idea de que, si no estamos trabajando, deberíamos hacer algo productivo no es más que el trabajo colándose en nuestra manera de pensar. Lo que actualmente entendemos como descanso y tiempo libre no es más que un espacio para la recuperación, física y mental, del trabajo, remunerado o no».[16] Antes de conectar con lo que sea, hay que desconectar, hay que descansar, hay que olvidar

* Que no son cinco hijes, porque solamente los ricos tienen tantas hijas e hijos. Donald Trump tiene cinco, Elon Musk tiene catorce.

que el resto existe y que Israel está cometiendo un genocidio en Palestina mientras Donald Trump y Elon Musk gobiernan el mundo. ¿En qué momento de las 50 horas o más dedicadas al trabajo nos recuperamos física y mentalmente del trabajo? Pues a ver, nunca.

Y lo más inquietante es que, si vemos que hay un atisbo de tiempo libre en algún momento de nuestra semana, no lo usamos para descansar, muchas lo llenamos con actividades que nos conviertan en personas más «performantes», más eficientes. Es la productividad colándose por todas partes, somos nosotras apuntándonos a una formación los fines de semana para saber más, somos nosotras yendo a yoga para no tener dolores articulares, soy yo (o tú) despertándome a las 6.30 h para ir a natación dos días a la semana y así poder disfrutar de la energía que me proporcionan las endorfinas, ser más productiva y prevenir dolores musculoesqueléticos, porque las personas que hacen deporte están mejor vistas y haciendo deporte inviertes en tu valor de mercado. La productividad está por todas partes y con ella, la competitividad. En el artículo «El auge de las clases particulares: los ricos las usan para diferenciar a sus hijos, los pobres para que no se queden atrás»[17] sobre el informe *Educación en la sombra en España: una radiografía del mercado de clases particulares por etapa escolar, capacidad económica de los hogares, titularidad del centro y comunidad autónoma*[18] de ESADE, las cifras no dejan lugar a dudas: los niños y niñas son una inversión, hay que hacer que sean lo más competentes posible para que puedan competir en el mercado que les espera. Menudo panorama, la vida entera como una partida interminable del Cáliz de Fuego.

El 30 % de las hijas del quintil más bajo (menor nivel de renta) asiste a extraescolares, el 60 % de las hijas de los dos quintiles más altos asiste a extraescolares: «La inversión de los hogares más ricos triplica al de los más pobres. Como promedio, el gasto por alumno y curso asciende a 270 € [...] el gasto por escolar en clases particulares es de 300 € en la concertada y de 235 € en la pública».[19] Las familias de la escuela pública gastan más en refuerzo de asignaturas curriculares y menos en adquirir otras competencias, como idiomas o enseñanzas artísticas, justo a la inversa que las de la escuela concertada (que es una escuela privada que recibe dinero público). Además, a partir de la enseñanza secundaria, el gasto de las familias de la concertada en extraescolares es un 50 % superior al de las familias de la pública (volviendo al informe de Save the Children, ¿cómo no va a haber una brecha de gasto en secundaria si el coste promedio por hije es de 807 € al mes, lo cual equivale a entre el 57 % y más del 100 % de la renta disponible en la mitad de los hogares con hijes?[20]).

Las familias de escuela privada destinan al estudio de idiomas 483,3 € por alumno y curso, muy por encima del resto de familias. Los autores del estudio consideran que, en España, las clases particulares contribuyen al aumento de la desigualdad en materia educativa y que para mitigar esta desigualdad las clases de refuerzo de materias curriculares deberían ser públicas y gratuitas, al menos para el alumnado de la escuela pública.

Además de eso, también estaría bien que como sociedad nos planteemos por qué esta obsesión con la productividad y la competitividad. Según Walter Benjamin, «la burguesía ve en su prole al heredero; los desheredados ven en la suya auxiliadores, vengadores, liberadores».[21] Entonces, ¿en qué momento los desheredados de la clase trabajadora hemos metido a nuestra prole en las privadas concertadas y les pagamos extraescolares para que vayan a competir con los herederos de la burguesía, en vez de explicarles la lucha de clases y educarlos en valores para que sean libres y tal vez también libertadoras y libertadores? Si de todos modos no van a heredar nada porque vivimos de alquiler...

## La pandemia

El día en que el presidente de España declaró el estado de alarma y anunció el confinamiento, yo llevaba cuatro meses cobrando la prestación por desempleo y tenía a cargo un bebé de diez meses en un piso sin balcón ni terraza, con luz natural, eso sí. Recuerdo los primeros días, cuando a medio Instagram le dio por hacer muchísimas cosas, por llenar de productividad todo ese tiempo en casa: clases online, manualidades, pan, pasteles, decapar muebles, pintarlos. Y yo no tenía tiempo de nada, apenas de quedarme frita cuando el bebé decidía echar una siesta. Recuerdo también la angustia de las familias con hijas e hijos más mayores, que querían salir, que querían jugar, que querían ir a un maldito parque por favor (ya sé que ya se ha dicho en este libro, pero quiero repetirlo: es que los perros tenían derecho a salir a la calle, pero las criaturas de tres años no podían ir al parque).

Las primeras dos semanas hubo realmente una oleada productivista y la gente quería aprovechar al máximo esos días, luego ya la gente se dio cuenta de que nos quedaríamos en casa mucho más y se relajó. Y entonces desapareció el FOMO. Recuerdo cómo inventamos nuevas rutinas, cómo reconfiguramos la disposición de los muebles, cómo creamos barricadas para impedir el acceso a la cocina a esa persona que gateaba a la velocidad del rayo por toda la casa. Cómo encontró la manera de desmontar las barricadas. Cómo encontramos espacios para la soledad, cómo celebramos nuevas tradiciones, cómo el tiempo fue nuestro, todo nuestro, por una vez. En mi familia todo el mundo estaba bien, lejos pero bien. Mi abuela vivía a dos calles de casa, así que desde el principio le llevamos la compra y la saludábamos desde la distancia; luego, cuando las fases, la sacábamos a pasear, incluso nos fuimos un par de semanas a vivir con ella.

Recuerdo el confinamiento con mucha luz, la que entraba por las ventanas de casa. Con mucho tiempo, con lentitud, con calma. Mi vida estaba parada pero la del resto también, así que podía criar en la calma, sin miedo a perderme nada porque nadie estaba haciendo nada. Sé que suena absolutamente egoísta, pero así lo sentía. Cuando paras tu carrera laboral para cuidar de un bebé, ya sea pidiendo una excedencia o yendo al paro, como fue mi caso, es angustiante ver como todas las vidas siguen avanzando y la tuya está en pausa, el tiempo sigue corriendo, pero tú no.

Al principio no me atrevía a contar que yo había pasado un confinamiento bonito porque era consciente de que muchísima gente lo había pasado muy mal. La soledad no deseada, perder a seres queridos, las muertes en las residencias, el personal sanitario, el estrés, los partos no respetados, los trabajos esenciales. Pero a medida que han ido pasando los años me he dado cuenta de que el mundo que ha venido después no ha sido mejor que el confinamiento. Los alquileres más altos, los alimentos por las nubes, la vuelta al trabajo presencial, las aglomeraciones y el auge de la extrema derecha han hecho cambiar el recuerdo de mucha gente y que consideren que también hubo cosas buenas en el confinamiento, que no estuvo tan mal, que incluso estuvo bien a veces, que no era este el mundo pospandemia con el que soñábamos, que al menos durante el confinamiento no había un genocidio televisado, había gente pintando arcoíris, haciendo pan y diciendo que todo iría bien (y Júlia[22] diciendo que todo iría fatal, ella lo vio venir).

La sensación de paz que experimenté durante el confinamiento tiene explicación científica. La profesora de la Universidad de Washington Kira Schabram, junto con su equipo, estudió los beneficios de los años sabáticos[23] y llegó a la conclusión de que la solución para mejorar la salud de las trabajadoras y los trabajadores no son las vacaciones, es dejar de trabajar. Estudió los beneficios del año sabático y pudo constatar que «a partir de los tres meses, los cambios en la salud y en el estado de ánimo del antiguo trabajador son mucho más potentes que el de unas simples vacaciones».[24] Solemos usar la misma expresión, «recuperar la vida», cuando las hijas empiezan a ser autónomas y van a la escuela que cuando nos vamos de vacaciones. Pero entonces, si cuando estamos de vacaciones recuperamos la vida, mientras trabajamos, ¿perdemos la vida? ¿Vendemos la vida? ¿Morimos en vida? Y si cuando estamos cuidando no tenemos vida, cuando volvemos al trabajo remunerado, ¿cómo vamos a recuperarla? Si no tenemos tiempo para vivirla, ¿es la vida realmente nuestra? ¿Qué es la vida sino el tiempo que nos pertenece? ¿Para qué vivir si el tiempo no nos pertenece?

## En busca del tiempo perdido[25]

En la exposición «Suburbia»[26] que tuvo lugar en el CCCB en 2024 había un cartel publicitario de 1925 que anunciaba un complejo de viviendas situadas en la ciudad (en contraposición con las viviendas residenciales fuera de la ciudad, en los *suburbs*, donde mucha gente vivía). En el cartel aparecía una joven saliendo del cine antes de que terminase la película para no perder el último tren hacia su zona residencial, mientras su acompañante le cedía el paso. El cartel decía «She's a nice girl, but she commutes»[*27] (*commute* es un verbo que hace referencia al viaje habitual entre el hogar y el lugar de trabajo). El cartel señalaba que vivir lejos (fuera de la ciudad, con restricciones de transporte) es algo negativo porque pierdes tiempo en esos trayectos, tiempo que podrías estar usando para vivir. Te pierdes el final de las pelis. Es curioso que un cartel que tiene 100 años nos hable de un problema que seguimos teniendo hoy. No podemos pagar los alquileres cerca del trabajo, tenemos que irnos a

* Que podríamos traducir como «Es una chica agradable, pero vive lejos», ya que no disponemos del verbo *commute* en castellano.

vivir lejos, tardamos una hora de ida y una de vuelta en ir a trabajar (*commute*), no nos queda tiempo al final del día (el cartel original dice que si vas a vivir a su complejo urbano Tudor City «there is more time at the end of the day», hay más tiempo al final del día, porque no lo dedicas a *commute*). Más tiempo para ti, para tus cosas, para tu vida.

Uno de mis memes favoritos es ese de un hombre joven y blanco que dice «Hoy me desperté con ganas de jubilarme», lo descubrí en el artículo «"Un día menos para jubilarme": por qué retirarse cuanto antes se ha convertido en una fantasía recurrente»,[28] puesto que yo realmente de memes sé muy poco. En el artículo, Carmen López define maravillosamente por qué el grueso de la clase trabajadora debería pasar toda su jornada laboral soñando con no tener jornada laboral: «Una existencia sin horarios, desplazamientos, jefes, táperes recalentados, salarios insuficientes, estrés, cansancio físico y mental, horas extras, bajas por depresión».[29] Ojalá, en serio, ojalá esta frase la hubiese escrito yo.

La periodista ofrece en el artículo diversos testimonios de mujeres que se jubilarían mañana mismo y de otras que igual mañana no, pero pasado, porque coinciden en que el trabajo les roba la mayor parte de su tiempo y energía, y eso cada día, un día tras otro. Las entrevistadas también hablan de lo que harán durante su jubilación (cuando tengan tiempo) y sobre vivir juntas. Yo también quiero vivir con mis amigas cuando me jubile, lo hemos hablado muchas veces. Tendríamos dos residencias: una de verano, en un lugar fresquito (en el norte) y otra de invierno en un lugar cálido (el Mediterráneo). Haríamos pilates, tendríamos un club de lectura, coseríamos prendas de ropa y el café sería importantísimo, porque nos encanta el café. Tendríamos distintos tamaños de cafetera, porque no siempre estaríamos todas juntas, si una se va de viaje o tiene nietos y los cuida un día a la semana pues no es lo mismo que si estamos todas. Tanto es así que una de mis mejores amigas y yo tenemos una cuenta de ahorro conjunta para ese proyecto, y aunque nos cueste un gran esfuerzo, cada mes ponemos nuestra cuota, todo el mundo necesita una ilusión.[30]

Después de leer (y fantasear) sobre la jubilación temprana y totalmente por casualidad (o porque el algoritmo ya me tenía fichadísima), aterricé en un artículo de Judith Vives dedicado a la generación Z y su visión del trabajo y el éxito laboral: «Durante generaciones prevaleció la idea de que "vivir para trabajar" era la norma. Seguro que más de uno ha visto a sus padres o abuelos dedicando largas horas a su trabajo, con la esperanza de conseguir un anhelado ascenso o una mejora salarial».[31] En realidad, las hijas y los hijos de la clase obrera han visto a sus madres o abuelas sindicarse, movilizarse e incluso hacer huelgas para conseguir una mejora salarial, una mejora para todas, no solamente para una. A continuación, pone sobre la mesa conceptos pequeñoburgueses como el *quiet quitting* o la *quiet ambition*, que vendría a ser la ambición de tener un trabajo en un ambiente laboral sano, con un horario que te permita tener tiempo libre al final de la jornada, sin horas extra, sin competitividad meritocrática. Poder ir subiendo en la carrera profesional sin tener que renunciar a conciliar con la vida. «Estas tendencias están obligando a las empresas a replantear la gestión de los recursos humanos. Muchas empresas que solían depender del trabajo extra gratuito ahora deben adaptarse a una fuerza laboral que valora más su tiempo y su vida personal».[32] Me gusta bastante esta fantasía, trabajar 32 horas, cobrar 52.000 €, avanzar lentamente, y no hacer horas extra, pero los datos sobre las horas extra no remuneradas nos dicen lo contrario y la *quiet ambition* parece más un trend de TikTok que una realidad concreta.

## No es que no tengas tiempo, es que no sabes gestionarlo

Lo que más me llama la atención es que en la gran mayoría de artículos que encuentro en los que se habla del tiempo, ya sea desde la situación ventajosa de tener unos ingresos interesantes, ya sea desde la fuerza de la juventud que desembarca en el mercado laboral, o incluso desde el humor, en todos, se ofrecen soluciones individuales a problemas colectivos. Puedes mejorar esto, mejorar lo otro. Puedes priorizar esto, invertir en aquello. Puedes sacarte una oposición y así tendrás unas buenas condiciones laborales y horarias, y estabilidad. Lo que no te cuentan es que el funcionariado tiene buenas condiciones porque se organiza, porque lleva décadas en sindicatos y ganando mejoras para todas y todos, no simples mejoras individuales. No hay soluciones individuales a problemas colectivos, solamente hay soluciones colectivas. Ya sabemos que el secuestro del 47 no fue obra individual de Manuel Vital, pero es que tampoco fue el único secuestro de las luchas vecinales de los años setenta;[33] las vecinas de Roquetes y La Prosperitat secuestraron el 11 y el 12, los vecinos de Ciutat Meridiana secuestraron el 2, y las vecinas y vecinos de Santa Coloma de Gramenet y Badalona también secuestraron autobuses.

No es que tú no tengas tiempo, es que el sistema está basado en que tú te quedes sin tiempo. Las vacaciones son el espejismo de una vida mejor en la que podrás disponer de todo el tiempo, una ilusión para que esperes pacíficamente hasta las próximas vacaciones en vez de hacer la revolución; los fines de semana son una pausa productivista en la que sigues cumpliendo con los mandatos de la productividad. Además, tanto las vacaciones pagadas como los fines de semana son derechos que ganó la gente trabajadora organizándose, no son bondad ni limosna empresarial, no son beneficios caídos del cielo, porque eso solamente les cae a los accionistas de las eléctricas.

Pero lo mejor de todo es que ante la escasez de tiempo todas las soluciones que te ofrecen son individuales, meritocráticas, la solución está en tus manos, el fracaso es culpa tuya, aprende a gestionar tu tiempo. Y no, la solución no está en tus manos, no vas a tener más tiempo por mucho que lo desees muy fuerte, porque no es tu tiempo, es nuestro tiempo, el tiempo de la clase trabajadora. La solución está en lo colectivo, está en la lucha de clases. Ya sé, ya sé, qué pereza la lucha, no tengo tiempo para luchar, he quedado. Pero no es que no tengas tiempo, ¡es que no sabes gestionarlo! (¡Jijiji!) ¿Cómo no vas a tener si mi bisabuela que trabajaba en el textil cuando las jornadas eran de 12 horas tenía tiempo para luchar?

¿Cómo no vas a tener si vas ya por el capítulo 6 del libro? «A la huelga, compañera, no vayas a trabajar, deja quieta la herramienta, que es la hora de luchar, a la huelga diez, a la huelga cien, a la huelga, madre, yo voy también. A la huelga cien, a la huelga mil, yo por ellas, madre, y ellas por mí».[34]

# Si yo fuera rica

> Uno de los grandes hallazgos de Veblen es la definición de un mecanismo llamado *emulación pecuniaria*, que es el que lleva a las clases sociales inferiores a consumir para intentar imitar a las superiores [...] esa especie de estafa piramidal que solo sigue funcionando si la gente continúa comprando.
>
> RAQUEL PÉLAEZ, *Quiero y no puedo*[1]

Cuando tenía 15 años nos trasladamos a vivir a Toulouse. Allí conocí a una gran parte de quienes serían mis mejores amigas y amigos para toda la vida, lo cual tiene todo el sentido del mundo porque nuestro cerebro no termina su desarrollo hasta la tierna edad de 25 años. Digamos que el mío pasó en Francia la década final de su desarrollo. Vivir en otros lugares del mundo significa casi siempre cambiar de peldaño en la escalera de las clases sociales. Si te trasladas a un lugar donde los salarios son inferiores y las condiciones de vida más pobres pero conservas tu estatus socioeconómico, formarás parte de un quintil superior. Si, por el contrario, te desplazas con tu estatus socioeconómico a un lugar con salarios superiores y mejores condiciones de vida, formarás parte de un quintil inferior, pero si es una socialdemocracia gozarás de mejores servicios públicos. Lo importante es saber siempre de dónde vienes, no olvidar nunca tus orígenes y por encima de todo no ser nunca un colono *digital nomad* que gentrifica los barrios de otras gentes y genera inflación en el mercado de la vivienda. Gentrificar no es un derecho.

A Marion la conocí en el *lycée*, es una de las personas más inteligentes que conozco, su mente privilegiada está actualmente al servicio de la Opéra de Paris, y suele venir a visitarnos en verano, cuando los días son eternos y podemos hablar largo y tendido a pesar de las 37.500 interrupciones. Le hablé de este libro cuando solamente era un proyecto y, además de aportarme grandes reflexiones y bibliografía, me recomendó encarecidamente el documental *Merci patron !*[2] (*Gracias, jefe*, disponible en el catálogo de Filmin). En él, el periodista y coprotagonista François Ruffin decide demostrar que el presidente del grupo LVMH (Moët Hennessy Louis Vuitton), Bernard Arnaud, es en realidad un hombre rico bueno (Arnaud solicitó en 2012 la nacionalidad belga, lo que generó una gran polémica ya que las obligaciones fiscales en Bélgica son menos redistributivas que en Francia). Para cumplir con su misión, Ruffin se entrevista con antiguas trabajadoras y trabajadores que fueron despedidos, por ejemplo cuando el grupo LVMH compró y cerró los históricos grandes almacenes de La Samaritaine,[3] en

París, en el año 2005 (en 2021 los almacenes reabrieron transformados en unos grandes almacenes de lujo[4]), o cuando deslocalizó la producción de Kenzo de Poix-du-Nord (región Hauts-de-France, situada en el norte del país) a Polonia.

Es así como Ruffin conoce a la familia Klur, desempleada y con graves problemas económicos desde que cerró la fábrica de Poix-du-Nord y se encarga de hacer llegar el caso a Arnaud, para que les ayude a salir del pozo (que él mismo les cavó). El documental, estrenado en 2016, además de ser maravilloso, alcanzó el récord de taquilla y ganó el César[5] a la mejor película documental en 2017. No voy a contar el final, pero sí que me gustaría aprovechar la ocasión que nos brinda para reflexionar sobre cómo los poderosos nos quieren divididas, nos quieren solas, nos quieren una por una picando a su puerta para pedir ayuda, para pedir soluciones individuales, que nos sintamos especiales a sus ojos, que nos sintamos en deuda, que tengamos secretos, que no les contemos a las demás que nos han ayudado, que seamos sus cómplices, sus secuaces, sus mascotas. ¿Y cómo no nos quieren? No nos quieren unidas, no nos quieren en asamblea, no nos quieren en sindicatos ni en medios de comunicación, no nos quieren pidiendo soluciones para todas, no nos quieren pidiendo justicia en vez de ayuda, no nos quieren sintiendo que no les debemos nada en vez de sentirnos en deuda, no nos quieren sintiendo que son más bien ellos quienes nos lo deben todo, porque, al fin y al cabo, ellos se hacen ricos con nuestro trabajo. Los poderosos nos quieren sin conciencia de clase.

## Las clases sociales

El término *clases sociales* ha sido utilizado por numerosos economistas, filósofos y sociólogos (y por las que les redactaban los trabajos, hacían las investigaciones y formulaban las teorías que luego firmaban ellos) y sirve para jerarquizar la composición de las sociedades. Es el marxismo quien lo populariza y aporta una definición clara y concisa que aún sigue vigente hoy; concretamente basa su definición de las clases sociales en la relación de los grupos humanos con los medios de producción y en las relaciones de explotación: la burguesía, el proletariado, la pequeña burguesía y el lumpen proletariado (la aristocracia en la época de Marx no se asociaba a los medios de producción). Pero, sobre todo, el marxismo explica que, como las distintas clases sociales tienen intereses opuestos, existe una lucha de clases, concretamente entre la burguesía y el proletariado, ya que los primeros buscan a toda costa maximizar sus beneficios a costa de la explotación de los segundos. Y los segundos lo que quieren es simplemente tener una vida digna; es decir, mejores condiciones de vida y trabajo.

Todos estos conceptos se han ido actualizando con el paso de los siglos y hoy podemos decir que en la división por clases sociales no solamente importa la situación económica, sino también el capital cultural (estudios, conocimientos, habilidades) y el capital social (redes, conexiones sociales).

¿Quiénes componen la pequeña burguesía o clases intermedias? Pequeños propietarios, artesanos, profesionales con pequeños medios de producción que les permiten no depender de los medios de producción de la burguesía pero que les resultan insuficientes para vivir solamente de la plusvalía (de la explotación del proletariado), ya que ellos también tienen que trabajar para que el negocio sea rentable. ¿Quiénes componen el lumpen proletariado? Quienes viven en la miseria, la precariedad, la delincuencia, la marginación. Pero, sobre todo, lo que caracteriza al lumpen es que carece de conciencia de clase, y por lo tanto no supone un peligro para la dominación burguesa.

Abro internet un día cualquiera de principios de 2025, ¿qué veo? Veo a lumpen proletariado en YouTube que se hace rico vendiendo *burpees* y discurso meritocrático, y presuntamente arruinando a un montón de *gym bros*; veo a la nobleza y a la burguesía retransmitiendo su vida en Instagram; veo al proletariado contándome vidas de clase media en reels; veo un genocidio en directo y que Europa no hace nada; veo cuentas de cargos políticos como si fuesen estrellas del pop y, sobre todo, veo una gran confusión. Una confusión de clase. Cierro internet.

Volvamos a la lucha de clases, esa ardua batalla en la que el proletariado quiere mejores condiciones de vida y la burguesía quiere una mayor plusvalía a costa de explotar o despedir al proletariado (lo cual le supone al proletariado peores condiciones de vida). Bien. A la burguesía (y, hoy en día, a todos los que tienen negocios, acciones, inversiones; es decir, a la alta burguesía, nobleza, aristocracia) le molesta esta lucha, ya que, según cómo, le hace dejar de ganar todo el dinero que desearía (porque tiene que negociar, subir salarios, contratar a más personal, pagar las horas extra, reducir la jornada, mejorar las condiciones de trabajo, básicamente), así que busca modos de eliminarla a toda costa.

El proletariado es la clase que lidera la lucha de clases, así que, si eliminan al proletariado, se termina la lucha, parece lógico. ¿Cómo eliminar el proletariado si lo necesitan para que produzca? Existen varias recetas, una es la deslocalización a otro país, donde el proletariado luche por unas condiciones de trabajo mucho peores o directamente donde no exista el proletariado y la gente trabajadora provenga del lumpen proletariado y carezca de conciencia de clase. También se puede dejar de contratar directamente y contratar a intermediarios (pequeña burguesía) que, a su vez, contratarán a mano de obra para hacer el trabajo.

Pero la mejor de todas las recetas es, sin duda, convencer al proletariado, a la clase obrera, de que ellos son de clase media. Dividir a la clase media en clase media-baja, clase media-media y clase media-alta. ¡Así todo el mundo cabe en la clase media y ya no queda clase obrera! Qué maravilla. De hecho, a la clase media no le hace mucha gracia eso de la lucha de clases, porque a ver si ahora van a venir los de clase baja a quitarnos lo que tanto nos ha costado ganar. Porque los de clase baja lo que quieren es entrar a robar al piso de la clase media, por eso necesitas una alarma. Los de la clase baja son un peligro para la clase media. La lucha de clases es un peligro para los privilegios de la clase media. Los susodichos «privilegios» son en realidad derechos fundamentales, como llegar a fin de mes, poner la calefacción, pagar el alquiler y comer tres veces al día, pero si los transformamos en privilegios, entonces esa nueva clase media imaginaria tiene miedo. Y los impuestos les parecen un robo, los sindicatos unos comegambas, el movimiento por la vivienda unos okupas y las supermanzanas una conspiración ecologista para que les suban el alquiler y las echen de casa. Ah, y la zona de bajas emisiones es un ataque contra el derecho a circular con coches que escupen veneno para todos los pulmones y en especial para los de las niñas y niños y niñes porque «es que yo no me puedo permitir un coche nuevo» (eh, pero soy de clase media).

Entonces convencemos a la clase trabajadora de que son clase media, de que la redistribución de la riqueza consiste en redistribuir lo de la «clase media» con la clase baja (claro, ¿cómo vamos a redistribuir la riqueza del 2 % que más tiene, qué idea es esa?) y de que no necesitan lucha de clases contra quienes tienen más porque «muy pronto», con su esfuerzo individual y gracias a la meritocracia, ellos también tendrán más. Les enseñamos por internet todos los productos que consumen las clases altas para que puedan comprarse la versión barata de los mismos y vivan en la ilusión de prosperar e incluso generen influencers de clase media enseñando vidas de clase media en sus stories. Les contamos que las luchas salariales son individuales y que cada una tiene que ir a negociar una mejora salarial ella sola y hacerlo bien y, si no se la dan, es que no se lo ha currado lo suficiente. Y les contamos que se anden con cuidado con lo que hacen, porque, de lo contrario, podrían caer un peldaño hacia abajo y formar parte de la clase baja. A este fenómeno tan curioso podríamos llamarlo *confusión de clase*, aunque ya existe el término *disforia de clase*, que ilustra bastante bien lo que sucede cuando el proletariado cree ser de una clase social equivocada.

Esa clase media-baja disfórica y confusa anda perdida con tantas informaciones contradictorias. ¿Dónde está el barómetro para saber si soy de clase media o no? ¿Si pago el alquiler pero no pongo la calefacción, qué pasa? ¿Si llevo a mi hijo a la concertada pero no tengo dinero para ir una semana de vacaciones en verano? ¿Si no puedo tener una segunda hija porque con una hija única ya no llegamos a fin de mes? Parece que al final la clase media-baja somos un poco todas (o casi) y lo primero que nos haría falta es un abrazo. Un abrazo, compañera, bienvenida a la clase obrera.

## Nadie quiere ser de clase baja

«En 2001 la mitad de la población española se consideraba "clase obrera". Dos décadas después (en 2021) apenas quedaba un 16 % de españoles que quisiera incluirse ahí».[6] Si abrimos el barómetro del CIS de septiembre de 2024[7] nos encontraremos con una cifra todavía inferior: el 11,4 % se considera clase obrera o trabajadora. Si miramos con atención detectaremos que cuando la respuesta es espontánea (no nos dan opciones, respondemos libremente eligiendo la terminología), además de las ya conocidísimas clase alta, clase media-alta y clase media-media en las que todas queremos estar, en caso de formar parte del proletariado se nos ocurren muchísimas posibilidades: clase media-baja, clase trabajadora/obrera, clase pobre, gente común, clase baja, proletariado, las de abajo y excluidas. Es impresionante que hayamos integrado tantísimas denominaciones para no llegar a fin de mes, pero solamente exista una para ser rica, cualquier diría que nos quieren dividir... y que lo están logrando.

Si sumamos todas las «modalidades» de clase trabajadora, obtenemos un 47,3 %, que supera al 41,3 % de clase media-media más el 3,4 % de clase media-alta más el 0,8 % de clase alta, que juntos suman 45,5 %. Cuando el CIS hace una pregunta con opciones cerradas ofrece menos posibilidades: clase alta y media-alta, clase media-media, clase media-baja, clase trabajadora/obrera/proletariado y clase baja/pobre. Las tres últimas suman el 44,5 %, mientras que las dos primeras suman 45,5 %. Seguramente autosituarse en la categoría de clase baja resulta estigmatizante ya que el término «baja» puede incluir una connotación culturalmente negativa, siempre que no se asocie exclusivamente al poder adquisitivo, los medios de producción y la relación de explotación. ¿Y si el CIS ofreciese simplemente clase alta, clase media y clase trabajadora? ¿Qué sucedería entonces? ¿Tendrían ese 47,3 % y ese 44,5 % conciencia de pertenecer a una gran masa de personas de su misma condición? ¿Y de ese 41,3 % que se cree de clase media, qué parte se trasladaría al grupo de la mayoría?

En el mismo barómetro, el CIS pregunta por los ingresos mensuales netos del hogar.[8] El 7 % de los hogares tiene ingresos por encima de los 5.000 € y el 12,9 % entre 3.901 € y 5.000 €. Es decir, que el 41,3 % de la población se considera de clase media-media, pero solamente el 12,9 % tiene unos ingresos de clase media. De hecho, ni siquiera eso, porque si tenemos en cuenta que los hogares unipersonales suponen un poco más del 25 % del total,[9] pongamos un 28 %, eso deja a un 72 % de hogares compuestos por dos o más personas. Y 5.000 € divididos entre dos, tres o cuatro personas es bastante menos.

Sigamos con un poco más de matemáticas y hagamos un cálculo rápido y sencillito: 1.300 € de alquiler, 750 € de media por cada hija multiplicado por dos hijas, 800 € en comida, 125 € en suministros del hogar, 200 € en transporte, 100 € en deporte, rápidamente son 4.025 €. Y eso yendo a la escuela pública, sanidad pública y polideportivo público, por supuesto. Si no entraste en la escuela infantil pública porque no hay suficientes plazas, entonces mis condolencias. Si ese mes te toca pagar material escolar, súmale 120 €; si te toca pagar ropa nueva o zapatos porque (oh, vaya) han crecido o porque tú la necesitas, ponle 120 €; si te toca pagar las colonias, ponle 120 €, etc. Subtotal: 4.145 €, hace rato que te has pasado de los 3.900 €, olvídate de ir a tomar el vermut un sábado por la mañana. Luego están los campamentos urbanos, ahí súmale unos 250 € por semana, 1.000 € al mes. De ir de viaje en vacaciones ya ni hablemos; eso solamente si los ingresos son de 5.000 € o superiores para todo el hogar.

Puesto que, claramente, no es lo mismo un hogar de cuatro personas que un hogar de una única persona, nos sería de más ayuda conocer los ingresos divididos por el número de miembros del hogar. De todos modos, lo que sí sabemos es que el 75,5 % de los hogares tienen unos ingresos mensuales de entre 0 y 3.900 €. De estos, el 59,4 % tiene ingresos de hasta 2.700 € y el 16,1 %, de entre 2.701 € y 3.900 €.

¿En qué momento creímos que 3.000 € de ingresos por hogar eran los ingresos de la clase media? ¿En qué momento nos convencieron de que poder pagar una semana de vacaciones era un privilegio de clase media? ¿Por qué la clase trabajadora, la clase obrera, no debería poder ir una semana de vacaciones? No quedan tan lejos los noventa, en los que muchas de nosotras nos íbamos una semana de vacaciones con la familia al completo; qué rápidamente nos han despojado de un derecho y lo han transformado en privilegio para encarecerlo, limitar su acceso y hacer creer a quienes lo disfrutan que son de clase media. Mientras nos robaban las vacaciones, nos daban vuelos *low cost* de fin de semana a capitales europeas, vuelos que salían tan pronto y volvían tan tarde que había que dormir en el aeropuerto o pillar un taxi. Qué vida trepidante la nuestra, qué emoción consumir queroseno, consumir destinos, postear fotos, poner chinchetas en un mapa del mundo.

## La ropa de trabajo: orgullo de clase

Si paseas por el Museo del Traje de Viana do Castelo, en la región del Alto Minho (Portugal), podrás comprobar que cada oficio tenía su traje. No solamente porque no todos los oficios eran iguales y, por lo tanto, requerían cumplir con necesidades distintas, sino también porque los oficios eran identidad. Estaban confeccionados con productos de producción local, sobre todo lana y lino, y variaban según si el trabajo se desempeñaba en el monte, en el campo, en el río o en el mar. Lavanderas, barqueros, recolectoras de algas, pescadores, recolectoras de moluscos y peces pequeños, pastores, tejedoras; cada oficio tenía un traje adecuado, y perfectamente reconocible. Además, tenían también los trajes de *domingar*, que eran trajes de fiesta, de gala, y que existían en distintos colores, siendo predominante el delantal en rojo, aunque los había también en azul y en verde, por ejemplo, y se acompañaban de un pañuelo en la cabeza de la misma tonalidad.

Es un espectáculo increíble ver el cuidado, el cariño y la precisión con la que están elaborados estos trajes, la importancia que tenían para la clase trabajadora de la región, para la que claramente eran un elemento identitario y de orgullo, ya que en cada zona de la comarca había un bordado particular y unos oficios concretos. Las chicas jóvenes de clase acomodada también tenían un traje propio y diferenciado de los trajes de trabajo y de los trajes de fiesta, el traje de *mordoma*, que luego reciclaban en traje de boda. Era de color negro y estaba compuesto por una infinidad de detalles, como volantes y bordados.

Los grandes museos de ciudades internacionales suelen ser imponentes, exponer grandes colecciones y proponer exposiciones temporales de prestigio, pero a veces parecen todos el mismo museo, como si fuesen un aeropuerto, especialmente los que están pensados para atraer turistas. Los museos de los pequeños municipios tienen un alma especial, suelen ser humildes, sinceros, costumbristas y, sobre todo, suelen hablar mucho más del pueblo y para el pueblo. Al final, un museo es también un escaparate: ¿qué le quieres enseñar al resto? ¿De qué te enorgulleces y de qué te avergüenzas? Y los museos a los que solemos ir pueden darnos también una pista sobre nosotras mismas: ¿nos interesan nuestras raíces?

Supongo que hay tres modos de afrontar tu pertenencia de clase: el rechazo, la ignorancia o el orgullo. Aunque también podemos intuir que el autoengaño de clase y la ignorancia de clase —es decir, no tener ni idea de a qué clase perteneces y colocarte en la clase de «la mayoría» porque todo el mundo quiere ir con el equipo ganador— desempeñan un papel importante. Yo siento un enorme e irracional orgullo de ser de clase trabajadora. Mentiría si dijera que lo he construido yo sola; una parte de ese orgullo es herencia familiar, pero hay otra parte, cada vez más grande, que es de autoconstrucción. De hecho, me gusta mucho más como suena «clase obrera». Clase obrera, clase obrera, clase obrera.[10]

No hace tanto había muchísima gente que sentía ese mismo orgullo que yo, que luchaba por mejoras sociales para todas y todos, que quería una vida digna, salarios dignos, vacaciones pagadas y descanso y desconexión para la clase obrera. Educación de gran calidad, la mejor sanidad, bibliotecas, museos, teatros y cines, con precios populares, para la clase obrera. Una red de transporte público excelente, parques, paseos y mercados para la clase obrera. Y la clase obrera éramos la gran mayoría, y cuando esa gente luchaba, lo hacía por todas. Ese era el orgullo de la clase obrera. El orgullo de la ropa de trabajo del Museo del Traje de Viana do Castelo.

Supongo que, en algún momento, sin casi darnos cuenta, nos han cambiado el orgullo de clase por la autosuperación individualista, y el orgullo de nuestra ropa por el acceso al sobreconsumo de moda hiperrápida que producen en la otra punta del mundo personas más pobres que nosotras en fábricas que a veces se derrumban y dejan más de 3.500 víctimas. Esa misma moda que usamos dos veces y luego subimos a las aplicaciones de reventa para seguir consumiendo eternamente, hasta el colapso. Nos han arrebatado la solidaridad. Dice Ana Geranios que los pequeños lujos son esos autoengaños de clase que nos hacen creer que el *rider* que nos trae el pedido a casa y nosotras no somos de la misma clase social, porque después de pasarnos el día sirviendo a los demás, tenemos a alguien que nos sirve la cena a nosotras.

## El consumo como alienante de clase

Marina Ribas es dietista y tiene una newsletter en Substack[11] llena de recetas y reflexiones de clase a partir de la alimentación. Cocinar es un acto político y de clase. Comer también lo es. La descubrí en pleno agosto de 2024[12] gracias a una entrevista que cacé al vuelo vagando a la deriva por Instagram en un momento de esos en los que gracias al viento y las estrellas llega internet al pueblo. Yo estaba de vacaciones, el tiempo transcurría lentamente, cada día pasaba lo mismo pero un poco diferente, cocinar y comer era un ritual colectivo, el acceso a internet no era fluido, el acceso a la lectura era una maravilla y Marina Ribas insistía (en la entrevista) en la necesidad de hablar de alimentación vinculándola a la justicia social y ponía sobre la mesa (nunca mejor dicho, en este caso) que la principal dificultad a la hora de cocinar bueno, sostenible y barato en nuestras casas es la falta de tiempo. Yo no podía parar de darle la razón, mientras disfrutaba de una gastronomía casera maravillosa a diario y de la elasticidad del tiempo en vacaciones, especialmente cuando no hay acceso a internet. Marina Ribas vive en Ibiza; hemos hablado de Ibiza unos capítulos atrás: la isla de las trabajadoras pobres, de los asentamientos de chabolas y caravanas, la isla a la que es más barato ir a trabajar cada día en avión que alquilar una vivienda. De hecho, Marina se pregunta en qué momento nos ha parecido normal que una familia viva en una caravana. Pero lo que inicialmente me llamó la atención de la entrevista fue el titular: «Después de 12 horas trabajando, ¿quién soy yo para juzgar a quien pide comida a domicilio?».

El sistema nos explota y el sistema nos provee de una solución que se basa en la explotación de otros. Así mañana podemos seguir rindiendo. Antiguamente, no existía la posibilidad de pedir comida a domicilio, así que después de 12 horas trabajando, la comida la cocinaban las mujeres. Las mujeres que a su vez habían estado todo el día trabajando (dentro y fuera del hogar, desde el hogar para dentro y para fuera, todas las combinaciones sirven). Los platos precocinados, la comida a domicilio, los *gnocchi* del Aldi, todo eso le quitó en realidad carga de trabajo a las mujeres, sacó el trabajo no remunerado del hogar para convertirlo en trabajos remunerados: fabricar y envasar platos precocinados, llevar pedidos a domicilio, controlar que la máquina de fabricación industrial de *gnocchi* no se estropee y que la máquina que los embolsa no se encalle. Pero no os vayáis a creer que esa carga de trabajo de la que se libraron las mujeres se convirtió en tiempo para ellas, para nada: dejó hueco a nuevas cargas de trabajo, por supuesto.

El mecanismo del consumo tiene un efecto ilusorio que no solamente nos genera una tremenda confusión de clase, sino que sobre todo hace que nos olvidemos de que hemos dedicado nueve horas o más de nuestro día a trabajar a cambio de un salario que no nos permite comprar fruta ecológica. Ah, espera, que la fruta ecológica es de ricos, la clase obrera tiene que comer pesticidas, que están asociados a muchísimas enfermedades, algunas mortales. Ah, no, no, espera que no era clase obrera, era clase media... Menudo lío. «El mercado es muy fuerte [...] Ha hecho de nosotros voraces compradores. Vivimos para comprar. Y vivimos para pagar. Y el crédito es una religión. Entonces estamos como enroscados».[13]

La cuestión es desmovilizar a la clase trabajadora, y el mejor modo de hacerlo es convencerla de que ya ha logrado el objetivo de ser clase media, de que no hace falta que siga luchando (las abuelas y los abuelos lucharon, alguna madre, algún tío, está bien, palmadita, pero tú ya no hace falta que luches; ¡tú ya lo has conseguido, enhorabuena, campeona!). Ahora lo mejor que puede hacer la nueva clase media, como veíamos antes, es callar y cumplir para conservar lo que tiene (un alquiler de 1.300 €), no sea que vengan «los de abajo» con sus reivindicaciones de justicia social y se lo quiten. «Los de abajo» en el discurso racista, por supuesto, son «los de fuera». Y «los de fuera» en el discurso racista son peligrosos por el mero hecho de existir, de respirar, de parpadear.

El discurso racista funciona como distracción para que te concentres en tener miedo/odiar a unas personas muy concretas e identificables en vez de cuestionar cosas bastante complejas como la plusvalía, las rentas del capital, los beneficios caídos del cielo o la monarquía. Es importante decirles a las personas que dicen cosas racistas que son unas racistas de mierda. Mientras tanto, el 10 % más rico de España concentra más del 50 % de la riqueza estatal.[14] Y cada vez invierten más en vivienda, un bien de mercado con altas rentabilidades, un negocio al alza.

La clase media, por su parte, ya no compra coches, ya no compra casas. Los coches que hacen soñar son eléctricos y cuestan muchísimo dinero; las viviendas, aunque sean un cuchitril que no hace soñar a nadie, aparte de a las cucarachas que viven allí, son imposibles de pagar. Hemos movido el consumo desmovilizador hacia el consumo de experiencias, lo llaman *diverflación*, que según el blog de CaixaBank consiste en «priorizar experiencias gratificantes frente a la adquisición de bienes o servicios duraderos, como pueden ser una vivienda o un vehículo».[15] Es decir, consumimos emociones fuertemente alienantes como festivales o viajes mientras reducimos casi un 15 % el consumo de carne y pescado,[16] y no por razones ecologistas ni por seguir los consejos del exministro Garzón. Necesitamos desconectar de la precariedad, de la angustia que nos genera no saber si nos van a renovar el alquiler, y el vermut el domingo en la plaza nos hace soñar mucho más que cenar lubina.

## El turismo como *performance* de clase

¿Qué cara pondrías si le preguntas a tu amiga «qué vas a hacer estas vacaciones» y te dice que nada? Na-da. ¿Cómo que nada? ¿En serio vas a desperdiciar los días de libertad que tienes para no hacer nada? ¿Para no soñar con una vida mejor? ¿Para no ser otra persona? ¿De verdad vas a ser tú misma durante todas las vacaciones, una versión de ti misma que no hace nada? Incluso ir al pueblo suena un poco aburrido ya en la edad adulta: aquello que fue toda una aventura en la infancia y la adolescencia suena a siempre lo mismo.

Así que allá vamos, a «performar», a visitar miles de lugares, a sacar un millón de fotos de calles con encanto masificadas, a vivir las mejores experiencias junto a otras 2.500 personas por hora, las más auténticas (la autenticidad, eso sí que es importante), a integrarnos a la vez que nos sentimos únicas y diferentes. No importa que sea un viaje de amigas mochileras al sureste asiático, un viaje de novias a Los Ángeles y San Francisco, un viaje con tu madre a Praga, un viaje tú sola por Uruguay y Rio Grande do Sul o los mejores destinos en familia para viajar con peques: lo más importante de todo es «performarlo», compartirlo en tus redes, en tus grupos o estados de WhatsApp, que lo vean. Que vean que tú, sí, tú, has hecho todo eso. Esa misma persona podría ser yo.

¿Qué tiene de malo hacer siempre lo mismo? A nuestro cerebro le gustan las rutinas, le dan tranquilidad, seguridad, calma, le dan paz. Claro que vivir aventuras en un lugar increíble en el que nunca has estado puede ser muy estimulante para el cerebro, pero si llegas a destino tu primer día de vacaciones es posible que colapses, discutas, te enfades. Porque un cerebro trabajador como el nuestro necesita descansar. De lo que tienen ganas las neuronas que ayer estuvieron tecleando en la oficina hasta las 18.00 h es de echarse una siesta y pasar unos días de descanso, y eso se lo ofrecen las rutinas y los lugares que ya conocemos. Las personas adultas no somos tan distintas de las personas pequeñas; simplemente, las personas pequeñas se enfadan y se quejan si no han tenido sus descansos y sus comidas, porque escuchan a su cuerpo, y las adultas nos entrenamos desde la adolescencia para dejar de escuchar a nuestros cuerpos, que nos piden a gritos descansar y no visitar el Museo Antropológico de Ciudad de México después de 12 horas de vuelo.

Los ricos suelen hacer siempre lo mismo, los ricos veranean. Los ricos viajan a su residencia de la costa a ensalzar los valores familiares y de clase dominante. Las pobres también solíamos hacer eso, como ya he contado. Mi abuela y mi abuelo se pasaban el verano en el pueblo, en la casa familiar. Los ricos viajan cuando el resto trabajamos. Mi abuela y mi abuelo viajaron poco en su vida, recuerdo que fueron un par de veces con el Imserso, fuera de temporada, cuando ya no trabajaban, como los ricos. Mi abuela y mi abuelo no «performaban» nada. A los ricos los podemos ver «performar» las tradiciones rancias, la meritocracia y las desigualdades en cualquier carrusel de veinte fotos. Dice Mujica que «el hombre frente a los otros animales tiene la capacidad de encontrar una causa para su vida. O no. Si no la encuentra, el mercado lo va a tener toda la vida pagando a costo. Si la encuentra va a tener algo para qué vivir. El que investiga, el que le gusta la música, el que tiene una pasión deportiva, algo. Algo que le llene de vida».[17] Mi abuela y mi abuelo habían encontrado sus causas para vivir.

Entre el capital cultural, la ilusión del acceso al consumo de los mismos bienes que compran los ricos, los vuelos ofertados a partir de 19,99 €, el pluriempleo, ser empleada y empleadora a la vez, explotar a otras más pobres que tú, el miedo a «los de abajo», el borrado de la memoria de los sindicatos, el ensalzamiento del desprestigio de los mismos y el si quieres puedes, sinceramente no me extraña que haya una gran confusión de clase, una cosa tremenda, la verdad. Pero yo he encontrado un truquito para dar con la respuesta rápidamente los días de confusión: si te faltan horas al final del día, si no llegas, si no te da la vida, eres de clase trabajadora.

Y la clase trabajadora tiene derecho a vivir mejor, a trabajar menos y a tener más tiempo libre para hacer lo que le dé la gana; eso incluye no hacer nada.

# Nota para mi editora

Si me muero, quiero que termines tú el libro y lo firmemos juntas. Que las dos somos de clase obrera y aquí no se tira nada.

# Más tiempo para todas

De nada sirve estar vivo, si hay que trabajar.

André Breton[1]

Es un desperdicio de talento tener a profesores, periodistas, creadores e investigadores haciendo «de cualquier manera» porque lo que moviliza es cumplir un plazo, publicar o entregar. Es decir, que lo que importa es la apariencia de sentido y no el sentido.

Remedios Zafra[2]

## Las 32 horas[3]

Todas las cargas de trabajo de todas las personas trabajadoras deben poder ser realizadas en 30 horas. Se añadirán 2 horas divididas en 20 minutos por día para poder parar para comer en medio de una jornada que será siempre, absolutamente siempre, jornada continuada. La jornada de 32 horas podrá ser disfrutada en algunos casos en formato de 8 horas al día durante 4 días semanales, en ese caso la pausa para comer será de 30 minutos.

Si se produce un excedente de trabajo puntual (repito, «puntual», que significa que ocurre una o dos veces al año), las trabajadoras podrán hacer horas extra que recuperarán en días libres obligatorios; no será posible renunciar a ellos y la cooperativa, empresa u organización deberá velar por que así se cumpla, bajo pena de sanción. También serán obligatorias las vacaciones, y su incumplimiento sancionable para el empleador siempre, nunca para la empleada.

Si se produce un excedente de trabajo continuado, es decir, si con la jornada de 32 horas las trabajadoras no pueden asumir el volumen de trabajo de la organización, empresa o cooperativa, entonces habrá que contratar a más trabajadoras, hasta conseguir que el volumen de trabajo sea asumible en 32 horas.

Si el negocio no puede asumir contratar a más trabajadoras, entonces el negocio no es viable económicamente y habrá que hacer reajustes o bien cerrar, ya que la viabilidad de un negocio no puede estar nunca, absolutamente nunca, basada en la explotación de las trabajadoras.

En el caso de empresas con accionistas, la primera medida de reajuste será siempre reducir los dividendos al nivel correcto para que toda la carga de trabajo pueda ser realizada en jornadas de 32 horas. Si esto no fuera posible porque la situación de las finanzas ha llegado a un punto muy crítico, se procederá a la colectivización del negocio por parte de las trabajadoras, como se ha hecho en Duralex, eliminando así la existencia de accionistas y dando una nueva vida mucho más fructífera a los beneficios.[4]

Si la organización o cooperativa o pequeña empresa sin accionistas no puede asumir contratar a más trabajadoras, otra opción será hacer un reajuste de los precios a los cuales vende sus productos o servicios hasta conseguir que los beneficios sean acordes a las necesidades. Es decir, encarecer el producto hasta que sea sostenible. Otras intervenciones posibles son auditar la gestión de finanzas y de personal para detectar problemas de eficiencia o despilfarro.

Si ninguna de estas opciones funciona, entonces es un negocio basado en la explotación laboral de las trabajadoras y no es viable, y se procederá a su cierre, ya que para garantizar el derecho al tiempo libre y la emancipación de la clase obrera todas las cargas de trabajo de todas las personas trabajadoras deben poder ser realizadas en 30 horas o menos.

Todos los salarios serán dignos y suficientes para poder asumir el coste de la vida y generar capacidad de ahorro. Se actualizarán cada año para que sean acordes con la realidad concreta.

Todo lo que no sea jornada laboral de 32 horas son migajas. Imaginemos las 32 horas. Pensemos las 32 horas. Luchemos las 32 horas. Nadie lo hará por nosotras. Las mejoras sociales no las regala nadie, se luchan. Mueve el cucú, amiga: la emancipación de la clase obrera llama a la puerta.

## Cuando se te para el mundo

A veces se nos para el mundo. A veces estamos haciendo exactamente lo mismo de siempre: levantarnos, desayunar, pillar el transporte público, ir a trabajar. Es lunes, martes, miércoles, jueves, viernes. Programar una lavadora, doblar la ropa, cenar, poner a Broncano, ahora en la tele pública. Es enero, febrero, marzo, abril, mayo. No importa, siempre lo mismo, con sus pequeñas variaciones: una gastroscopia, una noche de teatro, un día de libre disposición en el cole. A veces estamos viviendo lo que nos queda de vida después de esa cantidad escandalosa de horas que le dedicamos al trabajo y ocurre algo que lo detiene todo. Se nos para el mundo. Y cuando se para el mundo es indudablemente cuando te das cuenta de que todos los trabajos realmente importantes son los que tienen que ver con cuidar a las personas. Y que el tiempo es un bien de primera necesidad.

Un domingo cualquiera, que en realidad era el 8 de mayo de 2016, volvía a casa después de pasar el día con amigas, a eso de las 20.00 h aproximadamente. Habían caído cuatro gotas y una finísima capa de agua cubría el suelo como una película, lo necesario como para garantizar la posibilidad de que te resbales si vas en Bicing. Los vehículos que se incorporaban a la Gran Via de les Corts Catalanes por la calle Sant Pere d'Abanto tenían un semáforo que parpadeaba en amarillo/naranja (nunca sé cuál es la nomenclatura correcta). Las y los peatones teníamos un semáforo en verde y los vehículos que ya estaban en la Gran Via tenían un semáforo en rojo. Recuerdo estar cruzando y ver como el motorista frenaba, como su moto resbalaba, como caían al suelo tanto él como su moto y como esta salía disparada.

Me desperté en la ambulancia. Le pregunté al tipo que tenía más cerca si iba a morir y respondió, hastiado: «A ver, que solamente has tenido un accidente, hay muchos como el tuyo cada día» o alguna mierda parecida. Pensé que era la peor respuesta del mundo y, si hubiese tenido las fuerzas suficientes, le habría gritado que era un desgraciado y que así no se le habla a la gente que se despierta en una ambulancia después de quedar inconsciente, pero en ese momento estaba centrada en estar viva. En vez de llevarme al hospital, me llevaron al CUAP de Manso porque tenía la clavícula dislocada. Allí me hicieron esperar de pie para las radiografías. Cuando la traumatóloga que me revisaba el brazo se dio cuenta de que tenía un traumatismo craneoencefálico maldijo a no sé cuántas personas y me mandó en ambulancia al Hospital Clínic, donde el ambulanciero me prestó su móvil personal para llamar a casa, me había quedado sin batería.

Una vez en el establecimiento correcto y un par de TAC más tarde, finalmente, mi mundo se detuvo. Durante cuatro meses, estuve de baja. Mis obligaciones se redujeron a curarme, y el resto de las personas a mi alrededor me cuidaban: las enfermeras, la neuróloga, el traumatólogo, la oculista, los celadores, los radiólogos, mi madre, mi padre, mi pareja, mis amigas, mis amigos, mi abuela, el sistema público de salud, el Instituto Nacional de la Seguridad Social, las cotizaciones de la clase trabajadora. Todo lo realmente importante se puso a funcionar para que yo me curase, y el ingrediente principal, la variable fundamental para curarme era el tiempo. Tiempo para mí, todo el tiempo del mundo para mí. Tiempo para ir a las revisiones médicas, tiempo para ir a rehabilitación, tiempo para pasear, para descansar, para que esos hematomas fueran sanando a su ritmo. Lo que más recuerdo de esos cuatro meses de baja es que fueron como ocho, porque tenía muchísimo tiempo.

Cuando esperas un bebé sabes que el mundo se parará, porque te lo han contado o porque ya lo has vivido; te vas preparando mentalmente para ello, aunque desconozcas la magnitud del tsunami, especialmente cuando se trata de la primera vez. Y entonces, el bebé nace. Y tu mundo se para. Es la experiencia más parecida que he vivido a la de tener un accidente: estás magullada y estás de baja, con la diferencia de que tienes que cuidar a una persona extremadamente pequeña que no sabes cómo funciona. Pero en mi recuerdo, hay muchos elementos en común; por ejemplo, el tiempo. Cuando empiezas a encontrarte bastante bien, de pronto, tienes muchísimo tiempo. Todo el tiempo soñado, y lo puedes invertir en pasear, en ir a cafeterías, en leer libros mientras das la teta, en viajar, en escribir un libro (esto debería haberlo pensado antes, amiga lectora: escribe el libro cuando el bebé tenga un mes, no esperes a que tengan 3 y 5 años y sean dos).

Estoy absolutamente convencida de que la equiparación de las bajas de maternidad y paternidad/maternidad de la otra persona (en el caso de las parejas) ha revolucionado nuestra percepción del tiempo, de la importancia del tiempo, de lo mucho que nos gusta tener tiempo, del poco tiempo que tenemos. Cuando las madres se quedaban dieciséis semanas solas con el bebé (es decir, desde 1989, esto no ha cambiado en 36 años, a fecha de publicación de este libro), tenían la carga de cuidar a un ser completamente dependiente durante todo el día y, en la mayoría de las ocasiones, nadie las cuidaba a ellas, que probablemente tenían puntos en el coño, en la barriga, una mastitis y grietas en los pezones. Una compañera de trabajo me comentaba que, cuando ella parió, como era viernes, su pareja solamente tuvo el finde y el lunes volvió a currar.

Actualmente, en las familias con dos personas a cargo, las dos personas comparten seis semanas de baja juntas, para que la que no parió pueda cuidar de la que parió, y las dos cuiden del bebé (o bebés) (que sí, que ya sé que hay señores que se preparan un Ironman o la oposición de bombero). A continuación, la mayoría de las familias de clase trabajadora (o sea, las de clase baja, media-baja, media-media) se dividen las diez semanas restantes por turnos, como una empresa: primero tú, luego yo. Desde la aprobación de las bajas igualitarias e intransferibles es muy habitual ver por las mañanas a padres deambulando con sus bebés de entre seis y ocho meses por parques y cafeterías. Aquello que no habían podido hacer nunca se convierte en su nueva normalidad, cuidar 24/7, a un bebé, mientras mamá trabaja.

Volver al trabajo a jornada completa y dejar a un humano de cuatro meses en casa o en la escuela infantil es como si te arrancaran las uñas de las manos una por una con unos alicates. Y así cada mañana. Te vas a currar y duele, duele durante toda la jornada, hasta que regresas con esa persona que ha pasado entre seis y nueve meses en tu útero. Duele tener que separarte de alguien que no sabe que es un ser independiente de ti, alguien que se siente tan parte de ti como tu uña.

Estar toda la jornada laboral cuidando a un ser pequeño y muy demandante sin ningún otro tipo de responsabilidad, como ser el más fuerte, el mejor, el primero, competir, competir, competir, también es un viaje importante para el patriarcado, después de tantos años de la ideología del jefe de familia y sustento económico principal del hogar. Cuando se terminan todos los permisos remunerados y hay que dejar a la personilla, también duele. Qué nueva sensación es esa, para ellos, porque no es lo mismo separarte de alguien con quien has estado entre cinco días y cinco semanas, y que la mayoría del tiempo estaba enganchado a la teta o durmiendo, que separarse de alguien a quien has estado cuidando diez semanas tú solo y que pasaba mucho tiempo despierto e interactuando, aprendiendo a gatear, iniciando la alimentación complementaria. Un montón de hitos del desarrollo ocurren a partir de los seis meses, cuando los bebés se quedan con sus otros progenitores, en gran número hombres cishetero.

La maternidad y la paternidad son seguramente uno de los detonantes más grandes de la percepción del tiempo: son experiencias que te hacen darte cuenta de que no tienes tiempo, de que necesitas más tiempo, de lo importante que es el tiempo, de la cantidad de horas en que no estás donde querrías estar porque tienes que pagar el alquiler. Pero, sin duda, no son el único detonante.

Hay veces que tu mundo se para porque un familiar enferma, porque una persona adulta y autónoma se vuelve de pronto dependiente. A menudo nos pasa cuando nuestros padres o madres se hacen mayores,[5] pero también cuando nuestra pareja o nuestra amiga enferma o sufre un accidente, como me ocurrió a mí. Entonces, tu mundo se para y te conviertes en cuidadora suprema:[*] visitas médicas, hospitalizaciones, posoperatorios, tratamientos, ayuda a domicilio, gestión logística, tesorería... Tu agenda entera da vueltas alrededor de los cuidados de una tercera persona, y posiblemente no sea la única persona a la que cuides, porque si tu padre enferma, su pareja lo pasará muy mal y también tendrás que cuidarla. Todos esos cuidados requieren de una cantidad de tiempo enorme y, a diferencia de cuando ocurre un accidente o en un posparto, en estos casos no hay una baja de cuatro meses para que te dediques a los cuidados; dispones de algunos permisos recientemente aprobados,[**6] pero no son comparables.

Qué importante es el tiempo, es tan importante que le ponemos precio y lo vendemos a cambio de dinero. Pero nos pagan demasiado poco por él, porque la única cosa realmente valiosa con la que se podría pagar el tiempo es con más tiempo.

* Mi amiga Mercedes tomó un avión y vino una semana entera a casa a ayudar cuando salí del hospital en 2016. La importancia de eliminar el «vínculo familiar» como requisito legal en los permisos para poder cuidar es clave, «me cuidan mis amigas, no la policía».

** El permiso por enfermedad grave u hospitalización de familiares, parejas de hecho o convivientes pasó de 2 días a 5 días en 2023.

## Nada nuevo, todo nuevo

En Guebwiller, Alsacia, en 1860 el industrial Bourcart afirmó «que la jornada de 12 horas era excesiva, debiendo ser reducida a 11, y que el sábado debía cesar el trabajo a las dos. Yo aconsejo la adopción de esta medida, aunque parezca onerosa a primera vista; nosotros la hemos experimentado de cuatro años a esta parte en nuestros establecimientos industriales, y nos hallamos satisfechos: la producción media, lejos de disminuir, ha aumentado».[7] Podría parecer evidente, visto desde ahora, que los trabajadores del señor Bourcart estaban agotados y que, al descansar, fueran más productivos, pero en aquel momento su discurso iba a contracorriente. El discurso dominante era más bien el del reverendo inglés Joseph Townsend (1739-1816): «Trabajad noche y día; trabajando vosotros aumentáis vuestra miseria, y vuestra miseria nos ahorra tener que imponeros el trabajo por la fuerza de las leyes».[8]

En aquel momento había muchísimos negacionistas de la reducción de la jornada y posiciones como la del industrial alsaciano que recoge Lafargue fueron bastante rompedoras. Negacionistas sigue habiendo; en 2024 Elon Musk defendía la jornada de 80 horas,[9] ideal para que no te quede energía para hacer nada, especialmente nada parecido a un paro, una manifestación, una huelga general o una revolución. En Inglaterra, en el año 1847,[*][10]

* La legislación limitó la jornada laboral máxima a 10 horas para mujeres y menores de entre 13 y 18 años en la industria textil. Esa reducción no se aplicaba a los hombres adultos, pero las fábricas no podían funcionar correctamente si gran parte de sus trabajadoras y trabajadores terminaban el turno antes, así que en la práctica se fue extendiendo también a los hombres adultos.

el Gobierno «despreciando las altas consideraciones morales e industriales de los economistas [...] prohibió con una ley estrictamente observada trabajar más de 10 horas por día; e Inglaterra continuó siendo, como antes, la primera nación industrial del mundo».[11] En la Alsacia del siglo XIX, era un empresario quien invitaba a los demás a reducir la jornada compartiendo los buenos resultados obtenidos. En la España de 2024, el Gobierno quería reducir la jornada laboral apenas 2,5 horas por semana y se encontró con la oposición de los partidos reaccionarios y con la resistencia beligerante de los empresarios. En España, la reducción de la jornada de 12 horas (que hacían en las fábricas) a 8 horas, 6 días por semana, la lucharon y la ganaron, como ya se ha comentado, los trabajadores y trabajadoras de La Canadenca organizados sindicalmente después de 44 días de huelga. Las 40 horas se aprobaron por ley en 1983, ya que había una mayoría parlamentaria progresista. Pero en la España de 2025 no existe tal mayoría progresista en el Congreso, y mientras escribo estas líneas la negociación está siendo complicada. Quizá la reducción de la jornada laboral no la conseguiremos por arte de magia, la conseguiremos como la consiguieron en 1919 en La Canadenca, organizadas y luchando. Que sí, que ya sé que eso de luchar no es nada cómodo, pero es que así se consiguen las cosas.

A nivel mundial, existe la iniciativa Work Time Reduction,[12] que tiene por misión ayudar al mundo a trabajar de un modo más inteligente y en menos tiempo. Para ello, ofrece a las organizaciones interesadas el análisis y diseño de un plan personalizado para implementar una semana laboral más corta. Esto puede incluir reajuste de horarios, evaluación de los resultados o planes de reducción progresiva de la jornada, por ejemplo. A nivel europeo también contamos con la European Work-time Network, con un perfil más sindicalizado (muchos sindicatos europeos son miembros de esta red) y también más institucional (forman parte de la red también ONG, medios de comunicación y partidos políticos progresistas); su misión se centra más en la reflexión y el debate sobre la reducción de la jornada y en cómo implementarla con éxito. Para esta red, la reducción de la jornada está vinculada a los problemas de «desigualdad de género, la economía insostenible, el envejecimiento de la población, la epidemia de agotamiento, los riesgos de salud relacionados con el trabajo y el desempleo».[13] En su manifiesto, citan a Keynes y el sueño de trabajar 15 horas a la semana. Es fundamental que existan espacios de reflexión, investigación y puesta en común alrededor de la reducción de la jornada, así como organizaciones que acompañen a las empresas y administraciones en el proceso. No existe una única receta y compartir aprendizajes y experiencias es clave para el éxito de la reducción de la jornada. Pero por mucho que demos con la receta perfecta a nivel teórico, la reducción de la jornada se consigue cuando hay demanda social clara y contundente.

## La semana de cuatro días

Hay dos lugares de la península ibérica donde se ha llevado a cabo, recientemente, una prueba piloto de la semana de cuatro días. Esos dos lugares son Portugal y Valencia. La semana de cuatro días consiste en trabajar una cantidad de horas que puede variar (32 horas, 36 horas, etc.) condensadas en cuatro días para poder librar tres y tener así más tiempo de descanso).

En Portugal, el proyecto piloto tuvo lugar a principios de 2024; se trató de un modelo de semana de cuatro días flexible y el Gobierno no ofreció ningún tipo de apoyo económico, solamente técnico. Los resultados fueron muy llamativos: el 95 % de las empresas participantes valoró positivamente la experiencia[14] y el porcentaje de personas trabajadoras con angustia por conciliar bajó del 46 % al 8 % durante el proyecto. Además,[15] el nivel de ansiedad entre trabajadoras descendió un 21 %, el insomnio un 19 %, la fatiga un 23 %, los estados depresivos y la tensión un 21 % y la soledad el 14 %. El tiempo ganado por las trabajadoras fue, en parte, dedicado al ejercicio físico (+12,5 %) y a las relaciones personales.

En Valencia, la prueba piloto se llevó a cabo en 2023, con 32 horas que podían ser disfrutadas en semanas de cuatro días o cinco días laborables. Los resultados indicaron mejoras en la calidad del aire y en la salud y el bienestar de las personas trabajadoras. El 45,5 % afirmó que su satisfacción laboral había aumentado y el 65 % de las personas entrevistadas valoró entre el 7 y el 10 la iniciativa. El tiempo ganado se destinó al deporte, la lectura, el cine y el turismo. Además, el 72,5 % dedicó más tiempo a socializar con amistades y el 57,4 % pasó más tiempo en bares y terrazas (quizá influyera que la prueba tuvo lugar en primavera, mientras que la versión portuguesa tuvo lugar en invierno). Finalmente, «un 64 % de las personas que han participado en la jornada de cuatro días ha dormido más que una semana de cinco días laborables y un 34 % ha visto reducido su estrés. La diferencia es de 30,2 puntos respecto a quienes no han tenido días libres».[16]

Por desgracia, no disponemos de mucha más información sobre esta prueba, ya que fue impulsada y llevada a cabo por el ayuntamiento progresista de Joan Ribó (PSV-Compromís) y los resultados llegaron con el cambio de mandato al gobierno reaccionario de María José Catalá (PP-Vox), manifiestamente contrario a la reducción de la jornada laboral y que simplemente se ha limitado a insistir sobre los efectos negativos[17] de la prueba: pérdida de ventas para el sector comercio (al cerrar un día extra por semana) y saturación en las urgencias (al estar cerrados los centros de atención primaria). En realidad, estos datos lo que nos indican es que la semana de cuatro días no es una fórmula única y cerrada que sirva para todas y todos. Hay trabajos, como los que se desarrollan en centros de salud, ciertos comercios, atención domiciliaria o educación, que quizá deberían estar abiertos cinco días a la semana, por lo tanto hay que contratar a más personas. En cambio, hay otros sectores que seguramente puedan hacer su trabajo en cuatro días y descansar tres, como el de las profesiones creativas, por ejemplo.

## Más tiempo para todas

Al final de su ensayo *Después del trabajo* (si tuviésemos que tomar un chupito por cada vez que lo cito iríamos más pedo que Bad Bunny en *Café con ron*[*]), Helen Hester se interroga sobre si realmente nos podemos preguntar qué vamos a hacer con nuestro tiempo libre mientras el tiempo no sea nuestro. Yo también me lo pregunto. Cita a Marx, que contaba que un trabajo realmente libre es por ejemplo el trabajo de compositor, que, a pesar de exigir muchísimo esfuerzo, dedicación horaria y disciplina, es un fin en sí mismo, uno no es (o no era, cuando Marx) compositor coaccionado por la necesidad material de llegar a fin de mes; es decir, que solamente cuando tengamos todas nuestras necesidades cubiertas podremos ser libres, libres de comprometernos con lo que realmente tenga sentido para nosotras. La reducción de la jornada laboral a 32 horas en primer lugar (y a 15 horas en algún momento), sin reducción de salario,[**] nos permitiría florecer y dedicar tiempo a realizar otros trabajos en libertad, lo que ahora llamamos proyectos, o activismo, pero que son realmente trabajos. Apuntarte a cerámica para desconectar y descubrir que eres tan buena en ello que terminas exponiendo, entrenar todo un año para nadar una travesía en aguas abiertas, participar en tu asamblea vecinal en defensa de la vivienda, ir a parar desahucios, preparar acciones, manifestaciones, recoger firmas para una ILP por la vivienda digna y accesible. Todas esas cosas que hacemos después del trabajo como fin en sí mismas (en el caso del activismo, podemos decir que el fin es una sociedad mejor para todas y todos y todes). Trabajos libres.

* «Brother, yo no sé ni cómo llegué a casa».

** Y con salarios que nos permitan prosperar.

Siempre nos quedará el trabajo reproductivo, el trabajo de los cuidados, un trabajo que más que una coacción es una necesidad humana. Las personas nos cuidamos las unas a las otras y las otras a las unas, y ese trabajo siempre estará ahí. Los cuidados son muchas cosas, desde lo más obvio, como preparar la bañerita, la cena, lavar los dientes y leer cuentos a tus peques, hasta llevarle la compra y la cena a tu amiga que está enferma. Es visitar a tu abuela, cambiarle las sábanas y el edredón, poner la lavadora, tendérsela y darle conversación mientras haces todo eso. Es acompañar a tu amigo a unas pruebas médicas, es llamar más por teléfono y dejar menos notas de voz en WhatsApp. Los cuidados son verte con tus amigas cuando no están bien y cuando están genial, son ir al teatro con tu madre, estar sola leyendo un libro, ver una serie con tu pareja. Los cuidados no se terminarían nunca si el tiempo fuese infinito, porque todas necesitamos que nos cuiden. Los cuidados son pasar el peine de los piojos después de la bañera. Hester defiende que, «dadas las condiciones adecuadas incluso el trabajo necesario puede ser libre»,[18] y basa esas condiciones en tres pilares: el cuidado comunal, el lujo público y la soberanía temporal. El primero implica sacar los cuidados mucho más allá de la familia nuclear. El segundo implica que todo lo mejor sea accesible a todas y esté en todos los barrios: vivienda, hospitales, escuelas, bibliotecas, parques, museos, supermanzanas. El tercero consiste en poder preguntarnos realmente qué vamos a hacer con nuestro tiempo libre, porque el tiempo debería ser nuestro y no deberíamos tener que vender 38 años de nuestras vidas para llegar a fin de mes. Y la mejor manera de alcanzar la soberanía del tiempo que nos hará falta para tener tiempo para luchar por el lujo público y para poder comunalizar los cuidados, es empezar luchando y ganando las 32 horas sin reducción de salario en nuestros puestos de trabajo, en nuestros convenios colectivos, en nuestros convenios sectoriales.

Porque el tiempo, una vez lo ganas, ya no lo quieres soltar, si no que se lo pregunten a las trabajadoras y trabajadores portugueses que, después de la semana de cuatro días, afirmaron que para volver a la semana de cinco días exigirían como mínimo un 20 % más de salario. Y como la pregunta se la hicieron al poco de haber hecho el cambio seguramente la respuesta fue blanda.[19] No tengo pruebas ni dudas de que un año después de trabajar cuatro días por semana esas mismas personas no se cambiarían a la semana de cinco días ni por un aumento salarial del 50 %. No es casualidad que durante el gran apagón del 28 de abril de 2025, quienes pudieron —porque no podían trabajar— ocupasen plazas y bares para pasar el rato en común. Todo ese tiempo que le ganamos al trabajo se transformó en tiempo para la vida.

Más tiempo para mí, más tiempo para ti, más tiempo para nosotras. Más tiempo para todas y todos y todes.

# Agradecimientos

A mi novio, a mi madre y a mi padre. A Juliana. Sin ellas y ellos este libro no habría sido posible porque no tengo dinero suficiente para pagar tantas horas de niñera. Gracias por decir que sí desde el primer momento, hipotecando vuestro tiempo para que yo pasase el mío en la biblioteca. Por alusiones, a la biblioteca municipal del Vapor Vell y en general a todas las bibliotecas públicas del mundo. A mis abuelos y a mis abuelas, por enseñarme tanto sobre el tiempo y la vida. A mi madrina y padrino, por cuidarme, por propiciar que el verano de las lecturas preliminares y la investigación fuese cómodo y agradable. A mis queridas hijas, por todas las veces que cuando llegaba el fin de semana preguntaban «mamá, ¿por qué siempre estás trabajando?», y por haberlo soportado estoicamente. A mis amigas, a las que han estado aguantando mis neuras casi a diario y a las que simplemente me han dado sus bendiciones. A Marta V., Míriam, Júlia, Elisenda, María, Igor, Juan Miguel, Mireia, Agnès, Laura, Emily, Víctor, Alícia, Marta M., Cristina V., Marina, Teresa. A Aleix y a Pep. *À Marion*, *Louise*, *Franck*,

*Boris, Valentine et Nazli.* A Juan Pedro. A Felipe. A las dos sociólogas que me han ayudado sin pedir explicaciones, Mariña e Irene. A Albert. A Adrià por bajar a tomar café conmigo y por la foto más bonita. A Cris y a Quique. A Mar, por animarme inmediatamente a escribir el libro y mandarme a Estados Unidos casi al día siguiente de firmar. A Mercedes, allá donde estés. A Armin van Buuren por estar ahí sonando casi todo el rato mientras tecleaba. A Cafés El Magnífico, el mejor café de Barcelona. A mi editora, por la idea, por la paciencia, por cuidarme, por los ánimos, por los infartos y por ser la mejor, básicamente.

# Notas

## ¡Por fin lunes!

1 Paul Lafargue, *El derecho a la pereza*, Editorial Fundamentos, 2004.

2 Título de un capítulo en mi libro de texto de Historia de España Contemporánea de segundo de bachillerato: Julio Arostegui, Margarita García, Cristina Gatell, Jordi Palafox, *Panorama. Historia. Bachillerato Segundo Curso*, Ed. Vicens Vives, 2000, <https://www.casadellibro.com/libro-panorama-historia-2-bachillerato/9788431650551/667080?srsltid=AfmBOop9XNvht4kpyyyYZ_3SkUdjf8PoKGNH9iGfJy8ONpuVXqYHf61T>.

3 Jesús Fraiz Ordóñez, «La historia del "baile de las criadas" de la Cibeles», *La Vanguardia*, 13 de abril de 2023, <https://www.lavanguardia.com/participacion/cartas/20230413/8890752/historia-baile-criadas-cibeles.html>.

4 Helen Hester, *Después del trabajo: Una historia del hogar y la lucha por el tiempo libre*, Buenos Aires, Caja Negra Editora, 2024.

5 Entrevista de Javier Pérez Andújar a Carles Vallejo, «Carles Vallejo, expreso político: "Cuando me torturaron en Via Laietana, le dieron a mi familia mi ropa manchada de sangre"», *elDiario.es*, 11 de octubre de 2024, <https://www.eldiario.es/catalunya/carles-vallejo-expreso-politico-torturaron-

via-laietana-le-dieron-familia-ropa-manchada-sangre_1_11716734.html>.

6 Conversación mantenida con ChatGPT-4 a partir de la pregunta «Hola chat, ¿me podrías resumir qué es el trabajo?», 9 de octubre de 2024.

7 Conversación mantenida con ChatGPT-4 a partir de la pregunta «¿Me podrías explicar, con razones objetivas, por qué trabaja la gente?», 9 de octubre de 2024.

8 Conversación mantenida con ChatGPT-4 a partir de la pregunta «Chat, ¿crees que las personas trabajarían si el Estado garantizase sus necesidades básicas y el acceso a beneficios sociales?», 9 de octubre de 2024.

9 «El pistolerismo y el asesinato de Salvador Seguí y Francesc Comas», Memoria Democrática, Ajuntament de Barcelona, <https://ajuntament.barcelona.cat/memoriademocratica/es/placa-memoria/el-pistolerismo-y-el-asesinato-de-salvador-segui-y-francesc-comas/>.

## Eres pobre porque quieres

1 Ana Geranios, *Un verano sin vacaciones. Las hijas de la Costa del Sol*, Piedra Papel Libros, 2023.

2 Ana Penyas, *Todo bajo el sol*, Salamandra Graphic, 2021.

3 Cristina G. Bolinches, «Así ha evolucionado la vivienda en una década: el alquiler sube un 4,7 % y el precio de compra se estanca», *elDiario.es*, 14 de abril de 2022, <https://www.eldiario.es/economia/evolucionado-vivienda-decada-alquiler-sube-4-7-precio-compra-estanca_1_8914462.html>.

4 «Histórico de precios de alquiler en Barcelona», *Idealista*, <https://www.idealista.com/sala-de-prensa/informes-precio-vivienda/alquiler/cataluna/barcelona-provincia/barcelona/historico/>.

5 Marc Font, «Los alquileres en Barcelona han subido un 70 % la última década, cuatro veces más que los salarios», *Público*, 21 de noviembre de 2024, <https://www.publico.es/economia/

alquileres-barcelona-han-subido-70-ultima-decada-cuatro-veces-salarios.html>.

6 Victòria Oliveres, «No es solo en Madrid y Barcelona: el mapa que muestra cómo los alquileres se disparan en toda España, calle a calle», *elDiario.es*, 7 de septiembre de 2024, <https://www.eldiario.es/economia/mapa-alquileres-disparan-precio-ciudades-espana-calle-madrid-barcelona_1_11628723.html>.

7 Margarita Lázaro, «El fenómeno de los niños que no quieren salir de casa por miedo al coronavirus», *The Huffington Post*, 29 de abril de 2020, <https://www.huffingtonpost.es/entry/el-fenomeno-de-los-ninos-que-no-quieren-salir-de-casa-por-miedo-al-coronavirus_es_5ea988bfc5b6123a17657147.html>.

8 «Más Madrid y FAPA denuncian menús escolares y Ossorio los defiende», *La Vanguardia*, 20 de abril de 2020, <https://www.lavanguardia.com/vida/20200420/48633133781/mas-madrid-y-fapa-denuncian-menus-escolares-y-ossorio-los-defiende.html>.

9 «Més ajuts de menjador escolar per al curs 2020-2021», *El Periódico*, 29 de junio de 2020, <https://www.elperiodico.cat/ca/mes-barcelona/20200629/mes-ajuts-menjador-escolar-curs-2020-2021-8019160>.

10 Eduardo Magallón, «El SEPE detecta ventas de citas previas en Barcelona y acudirá a la Fiscalía», *La Vanguardia*, 12 de noviembre de 2020, <https://www.lavanguardia.com/economia/20201112/49412831169/sepe-ventas-citas-barcelona.html>.

11 «Los desahucios crecen un 7,8 % en el segundo trimestre, hasta los 7.850, según el CGPJ», *El País*, 9 de octubre de 2024, <https://elpais.com/economia/2024-10-09/los-desahucios-crecen-un-78-en-el-segundo-trimestre-hasta-los-7850-segun-el-cgpj.html>.

12 <https://www.renfe.com/es/es/grupo-renfe/comunicacion/renfe-al-dia/sala-de-prensa/usuarios-de-renfe-pueden-adquirir-los-abonos-gratuitos-de-cercanias-rodalies-y-md>.

13 Ministerio de Trabajo y Economía Social, «El SMI publicado para 2024 se establece en 1.134 euros», 7 de febrero de 2024, <https://www.sepe.es/HomeSepe/que-es-el-sepe/

comunicacion-institucional/noticias/detalle-noticia?folder=/SEPE/2024/Febrero/&detail=El-SMI-publicado-para-2024-se-establece-en-1134-euros>.

14 Marina Fernández, «Pagar extraescolares para conciliar eleva a 2.588 euros el gasto por hijo este curso», *Cadena Ser*, <https://cadenaser.com/nacional/2024/08/29/pagar-extraescolares-para-conciliar-eleva-a-2588-euros-el-gasto-por-hijo-este-curso-cadena-ser/>.

15 Idescat, «Població amb privació material per tipus de privacions per sexe i edat», 2023, <https://www.idescat.cat/pub/?id=ecv&n=7661&t=202300>.

16 INE, «Módulo 2023. Condiciones de la vivienda y eficiencia energética. Hogares según tengan una temperatura adecuada en la vivienda durante los meses fríos o el verano por edad y sexo de la persona de referencia», <https://www.ine.es/jaxi/Datos.htm?tpx=66548>.

17 INE, «Encuesta de Condiciones de Vida (ECV). Año 2024. Resultados definitivos», <https://www.ine.es/dyngs/Prensa/es/ECV2024.htm>.

18 Yanis Varoufakis, *Tecnofeudalismo: El sigiloso sucesor del capitalismo*, Barcelona, Deusto, 2024.

19 Isidoro Albarreal, del área de minería de Ecologistas en Acción Andalucía. Sara Rojas, «La reapertura de la mina de Aznalcóllar resucita los fantasmas del vertido tóxico 26 años después de la catástrofe», *elDiario.es*, 6 de mayo de 2024, <https://www.eldiario.es/sevilla/reapertura-mina-aznalcollar-resucita-fantasmas-vertido-toxico-26-anos-despues-catastrofe_1_11338025.html>.

20 Julio César Pintos Cubo, «Proyecto de mina de Cañaveral: una amenaza letal para acuíferos esenciales«, *El Salto Extremadura*, 9 de noviembre de 2022, <https://www.elsaltodiario.com/mineria/proyecto-mina-canaveral-amenaza-arrasar-acuiferos-esenciales>.

21 José Emiliano Barrena, «Polémica por una mina de litio de Cáceres: soterrar la explotación para esquivar el rechazo», *El País*, 12 de abril de 2023, <https://elpais.com/clima-y-medio-ambiente/2023-04-12/polemica-por-una-mina-de-litio-de-

caceres-soterrar-la-explotacion-para-esquivar-el-rechazo.html>.

22 Inés María Chaves Pedrazo, «El milagro del litio y la mina subjetiva», *El Salto Extremadura*, 17 de octubre de 2024, <https://www.elsaltodiario.com/analisis/milagro-litio-mina-subjetiva-informes-valdeflores>.

23 Santiago Márquez Durán, «La mina del agua o el futuro de Cáceres», *El Salto Extremadura*, 3 de septiembre de 2023, <https://www.elsaltodiario.com/mineria/mina-del-agua-futuro-caceres>.

24 Conversación mantenida con ChatGPT-4 a partir de la pregunta «Chat, ¿crees que lo que sucede con el mercado de la vivienda de alquiler en España, donde grandes inversores compran la mayoría de vivienda para alquilarla al mayor precio posible aunque eso implique priorizar el alquiler vacacional y dejar a la población autóctona sin posibilidades, podría denominarse capitalismo extractivista?».

25 Ana Geranios, *Un verano sin vacaciones*, *op. cit.*

26 <https://www.instagram.com/asc_venezia/>.

27 Rebecca Ann Hugues, «Venecia quedará bajo el agua en el año 2150, según un nuevo estudio científico», *EuroNews*, 22 de junio de 2024, <https://es.euronews.com/green/2024/06/22/venecia-quedara-bajo-el-agua-en-el-ano-2150-segun-un-nuevo-estudio-cientifico>.

28 Lorena Pacho, «Venecia se queda sin venecianos», *El País*, 21 de agosto de 2021, <https://elpais.com/economia/2022-08-21/venecia-se-queda-sin-venecianos.html>.

29 «Agafar l'avió cada dia o viure en una autocaravana: efectes del preu del lloguer a Eivissa», *3Cat Notícies*, 14 de abril de 2024, <https://www.3cat.cat/324/agafar-lavio-cada-dia-o-viure-en-una-autocaravana-efectes-del-preu-del-lloguer-a-eivissa/noticia/3287175/>.

30 Pablo Sierra del Sol y Marcelo Sastre, «700 euros por vivir en una chabola: las "villas miseria" que alojan a los trabajadores en Ibiza», *elDiario.es*, 10 de junio de 2024, <https://www.eldiario.es/illes-balears/economia/700-euros-vivir-chabola-villas-miseria-alojan-trabajadores-ibiza_1_11436958.html>.

31 Anna Pacheco, *Estuve aquí y me acordé de vosotros. Una historia sobre turismo, trabajo y clase*, Anagrama, 2024.
32 *Tot Inclòs. Danys i conseqüències del turisme a les nostres illes*, <https://www.youtube.com/watch?v=C_u0G4ZtsVs>.
33 Ana Geranios, *Verano sin vacaciones*, *op. cit.*
34 María López Villodres, «“Los espacios para nosotros son cada vez más reducidos”: quién puede vivir en un lugar entregado al turismo», *elDiario.es*, 7 de junio de 2024, <https://www.eldiario.es/era/ana-geranios-verano-sin-vacaciones_128_11401278.html>.
35 *Ibid.*
36 Ana Penyas, *Todo bajo el sol*, *op. cit.*
37 Dani Domínguez, «“En España, la pobreza y la riqueza se heredan”, denuncia Oxfam Intermón», *La Marea*, 21 de enero de 2019, <https://www.lamarea.com/2019/01/21/en-espana-la-pobreza-y-la-riqueza-se-heredan-denuncia-oxfam-intermon/>.
38 Victòria Oliveres y Raúl Sánchez, «No eres consciente de lo poco que cobra la gente: por qué nos cuesta tanto ubicarnos en la escala salarial», *elDiario.es*, 26 de noviembre de 2023, <https://www.eldiario.es/economia/no-consciente-cobra-gente-cuesta-ubicarnos-escala-salarial_1_10626344.html>.
39 Clara Blanchart, «1.193 euros al mes: nuevo récord histórico del alquiler en Barcelona antes de la regulación de los precios», *El País*, 1 de julio de 2024, <https://elpais.com/espana/catalunya/2024-07-01/1193-euros-al-mes-nuevo-record-historico-del-alquiler-en-barcelona-antes-de-la-regulacion-de-los-precios.html>; <https://ine.es/dyngs/Prensa/EES2022.htm>.

## Llegarás tan lejos como te propongas

1 Julen Bollaín, «Meritocracia: Un cuento para dormir a los idiotas», *Público*, 17 de mayo de 2024, <https://www.publico.es/opinion/columnas/meritocracia-cuento-dormir-idiotas.html>.
2 Joan Manuel Serrat, «Hoy puede ser un gran día».
3 Joan Manuel Serrat, «Pueblo blanco».

4 Julen Bollaín, «*Meritocracia*», *op. cit.*

5 Julen Bollaín, «*Meritocracia*», *op. cit.*

6 Lucas Chancel, *Informe sobre la desigualdad global 2022*, World Inequality Lab, 2021, <https://wir2022.wid.world/www-site/uploads/2021/12/Summary_WorldInequalityReport2022_Spanish.pdf>.

7 Denisse López, «El 1 % más acaudalado de España concentra el 22 % de la riqueza del país», *Cinco Días*, 15 de enero de 2024, <https://cincodias.elpais.com/economia/2024-01-15/el-1-mas-acaudalado-de-espana-concentra-el-22-de-la-riqueza-del-pais.html>.

8 Helen Hester, *Después del trabajo*, *op. cit.*

9 Marc Andreu, «La otra historia de Manuel Vital, protagonista de la película "El 47"», *El País*, 19 de septiembre de 2024, <https://elpais.com/espana/catalunya/2024-09-19/la-otra-historia-de-manuel-vital-protagonista-de-la-pelicula-el-47.html>.

10 <https://es.wikipedia.org/wiki/Pride_(pel%C3%ADcula_de_2014)>.

11 «En images : l'histoire de la base sous-marine de Bordeaux depuis sa construction, durant la Seconde Guerre mondiale», *TV7 Sud Ouest*, <https://www.sudouest.fr/archives/portfolios/en-images-l-039-histoire-de-la-base-sous-marine-de-bordeaux-depuis-sa-construction-durant-la-seconde-guerre-mondiale-2075350.php>.

12 Raúl Sánchez, Victòria Oliveres y Ainhoa Díez, «Cómo influye el origen familiar en los estudios: solo el 18 % de quienes tienen padres sin la ESO terminan la universidad», *elDiario.es*, 10 de diciembre de 2023 (actualizado el 11 de diciembre de 2023), <https://www.eldiario.es/sociedad/influye-origen-familiar-estudios-18-padres-terminan-universidad_1_10704068.html>.

13 Emilio Sánchez Hidalgo, «480.000 trabajadores no cobran sus horas extra, un agujero de 3.254 millones de euros al año en salarios y cotizaciones», *El País*, 9 de octubre de 2024, <https://elpais.com/economia/2024-10-09/480000-trabajadores-no-cobran-sus-horas-extra-un-agujero-de-3254-millones-de-euros-al-ano-en-salarios-y-cotizaciones.html>.

14 Gabinete Económico de CC. OO., *El abuso de las horas extra no pagadas en España*, 2023 [informe], <https://www.ccoo.es/a90f7306c672437828dc383cd696cad1000001.pdf>.

15 «Trabajo multa con 1,4 millones a las *big four* por exceso de jornada y falta de registro horario», *Público*, 26 de septiembre de 2023, <https://www.publico.es/economia/multa-1-4-millones-big-four-exceso-jornada-falta-registro-horario.html>.

16 Laura Olías, «Jornadas de 12 horas "o más" en las grandes consultoras: "No es ningún secreto, el horario es de nueve a nueve"», *elDiario.es*, 28 de abril de 2022 (actualizado el 29 de abril de 2022), <https://www.eldiario.es/economia/jornadas-12-horas-grandes-consultoras-no-secreto-horario-nueve-nueve_1_8946838.html>.

17 Anna Pacheco, *Estuve aquí y me acordé de vosotros*, *op. cit.*

18 *Ibid.*

## Tres cosas hay en la vida: salud, dinero y amor

1 Daniel Garrell Ballester, Carmen Juares Palma y Pau Pons Febrer, *Repartidors i repartidores de plataforma digital. Condicions laborals, necessitats, demandes i perspectives* [informe], CC. OO., diciembre de 2020, <https://www.ccoo.cat/pdf_documents/2021/informe-riders-repartidors-plataforma-digital.pdf>.

2 Ana Geranios, *Verano sin vacaciones*, *op. cit.*

3 Pablo González, «Amazon pone fin al teletrabajo para 5.000 empleados en España», *Cinco Días*, 17 de septiembre de 2024, <https://cincodias.elpais.com/companias/2024-09-17/amazon-pone-fin-al-teletrabajo-a-partir-de-enero.html>.

4 David Noriega, «Las empresas se saltan la desconexión digital: "Me han llamado hasta en el tanatorio"», *elDiario.es*, 19 de mayo de 2024, <https://www.eldiario.es/economia/empresas-saltan-desconexion-digital-han-llamado-tanatorio_1_11366279.html>.

5 Sentencia n.º 1158/2024, del Tribunal Superior de Justicia de Galicia, Sala de lo Penal, de 4 de marzo de 2024, Rec. núm. 5647/2023, <https://www.poderjudicial.es/search/TSJ/12/>.

6 *Ibid.* Declaración de Daniel Antonio Diz Portela.
7 Bibiana Collado, *Yeguas exhaustas*, Logroño, Pepitas de Calabaza, 2023.
8 *Ibid.*, p. 47
9 Pere Rusiñol, «Libro de la semana: *Contenido*, de Carlo Padial, auge y caída de la burbuja mediática más *cool*», *Babelia*, *El País*, 18 de noviembre de 2023, <https://elpais.com/babelia/2023-11-18/contenido-auge-y-caida-de-la-burbuja-mediatica-mas-cool.html>.
10 Carlo Padial, *Contenido. Una novela*, Blackie Books, 2023.
11 Juan José Galán, *Costa del Sol. Retrato de unos colonizados*, Madrid Campo Abierto, 1977. Citado por Ana Pacheco en *Estuve aquí y me acordé de vosotros*, *op. cit.*
12 Iván Suárez, «Incapacitados para su profesión tras quemarse en el trabajo: "Es el elefante en la habitación que no se quiere ver"», *elDiario.es*, 21 de septiembre de 2024, <https://www.eldiario.es/canariasahora/sociedad/incapacitados-profesion-quemarse-trabajo-elefante-habitacion-no-quiere-ver_1_11669850.html>.
13 *Ibid.*
14 <https://es.wikipedia.org/wiki/Alprazolam>.
15 <https://es.wikipedia.org/wiki/Escitalopram>.
16 Raquel Pascual Cortés, «Un funcionario logra una indemnización de 150.000 euros por sobrecarga de trabajo continuada», *El País*, 1 de octubre de 2024, <https://elpais.com/economia/2024-10-01/un-funcionario-logra-una-indemnizacion-de-150000-euros-por-sobrecarga-de-trabajo-continuada.html>.
17 Enrique Alpañés, «No, las vacaciones no solucionan el problema del *burnout*. "A las dos semanas estamos igual"», *El País*, 1 de septiembre de 2024, <https://elpais.com/salud-y-bienestar/2024-09-01/no-las-vacaciones-no-solucionan-el-problema-del-burnout-a-las-dos-semanas-estamos-igual.html>.
18 *Ibid.* Declaración de Isabel Aranda (Colegio de Psicología de Madrid).
19 Beatriz Serrano, *El descontento*, Temas de Hoy, 2023, p. 37.
20 Alejandro Cencerrado, «Más trabajo, más ansiolíticos: la economía va bien, nuestras vidas no tanto», *El País*, 27 de

septiembre de 2024, <https://elpais.com/salud-y-bienestar/2024-09-27/mas-trabajo-mas-ansioliticos-la-economia-va-bien-nuestras-vidas-no-tanto.html>. Alejandro Cencerrado es *senior data analyst* del The Happiness Research Institute de Copenhague.

21 Grégory Mardon, Hubert Prolongeau y Arnaud Delalande, *Cuando el trabajo mata*, Garbuix Books, 2022.

22 Daniel Mediavila, «Coral Sanfeliu, investigadora del envejecimiento: "Estar sentado ocho horas al día afecta a las conexiones del cerebro"», *El País*, 7 de mayo de 2024, <https://elpais.com/salud-y-bienestar/2024-05-07/coral-sanfeliu-investigadora-del-envejecimiento-estar-sentado-ocho-horas-al-dia-afecta-a-las-conexiones-del-cerebro.html>.

23 <https://es.wikipedia.org/wiki/Semaglutida>.

24 Javier Ruiz, «La economía del fitness», *Hora 25 de los Negocios*, *Cadena Ser*, 19 de marzo de 2024, <https://cadenaser.com/nacional/2024/03/19/la-economia-del-fitness-cadena-ser/>.

25 Joan Colomo, «Pirotecnia barata».

26 Cristina García Rodríguez, «Reducir la jornada para que la vida no se nos lleve», *La Marea*, 5 de octubre de 2024, <https://www.lamarea.com/2024/10/05/reducir-la-jornada-para-que-la-vida-no-se-nos-lleve/>.

27 Carmen López, «Cuidarse para seguir funcionando: a cuánto ocio y disfrute renunciamos para mantenernos al 100 % en el trabajo», *elDiario.es*, 4 de junio de 2024, <https://www.eldiario.es/era/renunciar-al-ocio-para-seguir-trabajando_1_11420394.html>.

28 Javier Ruiz, *Hora 25 de los Negocios*, *Cadena Ser*, 21 de enero de 2025, <https://cadenaser.com/nacional/2025/01/21/la-diversidad-corporativa-da-marcha-atras-en-las-grandes-companias-cadena-ser/>.

29 «Las mujeres ocupan el 40 % de puestos directivos en España, que está a la cabeza de la UE, según Grant Thornton», *Forbes*, 6 de marzo de 2024, <https://forbes.es/ultima-hora/422033/las-mujeres-ocupan-el-40-de-puestos-directivos-en-espana-que-esta-a-la-cabeza-de-la-ue-segun-grant-thornton/>.

30 Begoña Gómez Urzaiz, «Funcionarias a los 40: por qué cada vez más mujeres se refugian en lo público en mitad de sus carreras», *La Vanguardia*, 18 de febrero de 2023, <https://www.lavanguardia.com/vivo/lifestyle/20230218/8766331/funcionarias-40-mujeres.html>.

## Aquí no hay quien viva

1 Alejandro Cencerrado, «Más trabajo, más ansiolíticos», *op. cit.*

2 José Luis Fernández Casadevante, «Kristen R. Ghodsee: “Las ecoaldeas están pensando hoy cómo será la vida después del capitalismo”», *Climática*, 4 de marzo de 2024, <https://climatica.coop/entrevista-kristen-ghodsee-utopias-cotidianas-libro/>.

3 Pablo Rivas, «Oxfam denuncia que el 1 % más rico ya ha quemado su cuota anual de carbono», *El Salto*, 13 de enero de 2025, <https://www.elsaltodiario.com/cambio-climatico/oxfam-denuncia-1percent-rico-quemado-cuota-anual-carbono>.

4 Laura Olías, «España ratifica el Convenio 189 de la OIT que amplía los derechos laborales de las trabajadoras del hogar», *elDiario.es*, 9 de junio de 2022, <https://www.eldiario.es/economia/espana-ratifica-convenio-189-oit-amplia-derechos-laborales-trabajadoras-hogar_1_9068990.html>.

5 Datos de 2023. Ministerio de Trabajo y Economía Social, *La situación de las mujeres en el mercado de trabajo 2023* [informe], 2023, <https://www.mites.gob.es/ficheros/ministerio/sec_trabajo/analisis_mercado_trabajo/situacion-mujeres/Mujeres-y-Mercado-de-Trabajo-2023.pdf>.

6 <https://concilia.incoop.cat/>.

7 <https://www.barcelona.cat/pladebarris/>.

8 Javier Ruiz, «La economía de los cuidados», *Hora 25 de los Negocios*, *Cadena Ser*, 24 de octubre de 2024, <https://cadenaser.com/nacional/2024/10/24/si-los-cuidados-se-pagasen-el-pib-espanol-podria-aumentar-entre-un-263-y-un-284-cadena-ser/>.

9 «¿Dónde van mis impuestos?», *Civio*, <https://dondevanmisimpuestos.es/politicas#view=functional&year=2023>.

10 <https://economistasfrentealacrisis.com/author/cecilia-castano/>.

11 <https://ajuntament.barcelona.cat/personesgrans/ca/atencio-domiciliaria>.

12 Sofía Pérez Mendoza, «"Se busca cuidadora": España se asoma al abismo de no encontrar trabajadoras», *elDiario.es*, 16 de noviembre de 2024, <https://www.eldiario.es/sociedad/busca-cuidadora-espana-asoma-abismo-no-encontrar-trabajadoras_1_11761702.html>.

13 Save the Children, *El coste de la crianza en 2024* [informe], 2024, <https://www.savethechildren.es/coste-de-la-crianza>.

14 Mariola Lourido, «El 35 % de los mayores de 65 años españoles cuida de sus nietos varios días a la semana, un dato muy por encima de la media europea», *Hora 14*, *Cadena Ser*, 26 de julio de 2023, <https://cadenaser.com/nacional/2023/07/26/el-35-de-los-mayores-de-65-anos-espanoles-cuida-de-sus-nietos-varios-dias-a-la-semana-un-dato-muy-por-encima-de-la-media-europea-cadena-ser/>.

15 <https://youtu.be/VpwPHtJVq5s?si=WieOGhfNYkiw5mV1>.

16 <https://www.instagram.com/p/C_41sQcqoD1/>.

17 CC. OO., «Permiso parental (8 semanas)», 11 de marzo de 2024, <https://conciliacioncorresponsable.ccoo.es/noticia:687696--Permiso_parental_8_semanas>.

18 <https://www.rtve.es/noticias/20250603/espana-pagado-diez-millones-euros-permiso-parental-ue/16609100.shtml>.

19 Ministerio de Trabajo y Economía Social, «El salario y el tiempo de trabajo», *Guía laboral*, actualizada el 30 de abril de 2024, <https://www.mites.gob.es/es/Guia/texto/guia_6/contenidos/guia_6_14_5.htm>.

20 Raquel Peláez, *Quiero y no puedo. Una historia de los pijos de España*, Blackie Books, 2024.

21 *Ibid.*

22 Raúl Sánchez, Victòria Oliveres y Ainhoa Díez, «¿Cuánta gente cobra más y menos que tú? Consulta tu posición en la escala salarial de España», *elDiario.es*, 1 de octubre de 2023

(actualizado el 7 de octubre de 2024, <https://www.eldiario.es/economia/comparador-salarios-espana_1_10548632.html>.

23 Clàudia Segura, «Cómo proteger la salud de quienes cuidan a otros», *La Vanguardia*, 14 de septiembre de 2024, <https://www.lavanguardia.com/vida/salud/20240914/9939679/como-proteger-salud-cuidadores.html>.

24 Beatriz Serrano, *El descontento*, *op. cit.*

25 Real Decreto Legislativo 2/2015, de 23 de octubre, por el que se aprueba el texto refundido de la Ley del Estatuto de los Trabajadores, <https://www.boe.es/buscar/act.php?id=BOE-A-2015-11430>.

26 «El nuevo permiso de fuerza mayor: cuántos días y en qué consiste», *elDiario.es*, 16 de octubre de 2024, <https://www.eldiario.es/andalucia/blogs/ugt-sabias-que/nuevo-permiso-fuerza-mayor-dias-consiste_132_11657770.html>.

27 «España es el tercer país de la Unión Europea por consumo de antidepresivos, que crece desde la pandemia», *RTVE*, 15 de diciembre de 2023, <https://www.rtve.es/noticias/20231215/espana-tercer-puesto-ue-consumo-antidepresivos/2467436.shtml>.

28 Eva Millán, «Helen Hester, filósofa: "Lo que consideramos tiempo libre no es sino un espacio para la recuperación"», *El País*, 13 de abril de 2024, <https://elpais.com/ideas/2024-04-13/helen-hester-filosofa-lo-que-consideramos-tiempo-libre-no-es-sino-un-espacio-para-la-recuperacion.html>.

## En busca del tiempo perdido

1 Jenofonte, citado por Paul Lafargue en *El derecho a la pereza*, *op. cit.*

2 Entrevista a Pepe Mujica. Jack Nicas, «"Eres libre cuando escapas a la ley de la necesidad": lecciones de Pepe Mujica», *The New York Times*, 23 de agosto de 2024, <https://www.nytimes.com/es/2024/08/23/espanol/america-latina/pepe-mujica-uruguay.html>.

3 *Ibid.*

4 Raúl Sánchez, Victòria Oliveres y Ainhoa Díez, «¿Cuánta gente cobra más y menos que tú?», *op. cit.*

5 Cálculo realizado con la calculadora de sueldo neto, *Cinco Días*, <https://cincodias.elpais.com/herramientas/calculadora-sueldo-neto/>; <https://ine.es/dyngs/Prensa/EES2022.htm>.

6 Cálculo realizado con la calculadora de sueldo neto, *Cinco Días*, <https://cincodias.elpais.com/herramientas/calculadora-sueldo-neto/>; <https://ine.es/dyngs/Prensa/EES2022.htm>.

7 <https://www.lamoncloa.gob.es/serviciosdeprensa/notasprensa/hacienda/paginas/2023/220323-que-es-irpf-y-cuando-se-presenta.aspx>.

8 «El rendimiento neto del capital inmobiliario serían los ingresos brutos de la renta del alquiler menos los gastos deducibles que tiene el propietario por el mismo», explica Rubén Gimeno, secretario técnico del Consejo General de Economistas de España, en Yolanda García, «Así está el IRPF para quienes alquilan su vivienda: el Gobierno ha anunciado una futura exención del 100 %», *Newtral*, 14 de enero de 2025, <https://www.newtral.es/irpf-alquiler-vivienda-precio/20250114/>.

9 Eduardo G. Martínez, «¿Cómo declarar el alquiler en la renta de 2023? Lo que debes saber», *Idealista/News*, 12 de junio de 2024, <https://www.idealista.com/news/fiscalidad/2022/04/27/796216-como-tributa-un-piso-en-alquiler-en-la-declaracion-de-la-renta>.

10 «Las nuevas reducciones en el IRPF por alquiler de vivienda», *Quatrecasas*, <https://www.cuatrecasas.com/es/spain/fiscalidad/art/irpf-nuevas-reducciones-alquiler-vivienda>.

11 <https://www.cbsnews.com/news/how-would-you-feel-about-a-94-tax-rate/>; <https://en.wikipedia.org/wiki/Franklin_D._Roosevelt>.

12 Entrevista a Pepe Mujica. Jack Nicas, «"Eres libre cuando escapas a la ley de la necesidad"», *op. cit.*

13 Raquel Peláez, *Quiero y no puedo*, *op. cit.*

14 Bad Bunny, «Te compro la BM y también el AP», *EoO*.

15 Eslogan «*Eat the rich*», <https://en.wikipedia.org/wiki/Eat_the_rich#History>.

16 Eva Millán, «Helen Hester, filósofa», *op. cit.*

17 Ignacio Zafra, «El auge de las clases particulares: los ricos las usan para diferenciar a sus hijos, los pobres para que no se queden atrás», *El País*, 18 de enero de 2023, <https://elpais.com/educacion/2023-01-18/el-auge-de-las-clases-particulares-los-ricos-las-usan-para-diferenciar-a-sus-hijos-los-pobres-para-que-no-se-queden-atras.html>.

18 Juan Manuel Moreno y Ángel Martínez Jorge, *Educación en la sombra en España: Una radiografía del mercado de clases particulares por etapa escolar, capacidad económica de los hogares, titularidad del centro y comunidad autónoma* [informe], ESADE, 18 de enero de 2023, <https://www.esade.edu/ecpol/en/publications/educacion-en-la-sombra-en-espana-una-radiografia-del-mercado-de-clases-particulares-por-etapa-escolar-capacidad-economica-de-los-hogares-titularidad-del-centro-y-comunidad-autonoma/>.

19 Ignacio Zafra, «El auge de las clases particulares», *op. cit.*

20 Save the Children, *El coste de la crianza en 2024*, *op. cit.*

21 Rita Guidarelli, «"Los herederos": Hacia una crítica benjaminiana de la infancia», <https://www.academia.edu/101497592/_Los_herederos_Hacia_una_cr%C3%ADtica_benjaminiana_de_la_infancia>.

22 Júlia Solans, ilustradora y diseñadora gráfica, <https://www.juliasolans.com/personal>.

23 Kira Schabram, Matt Bloom y DJ DiDonna, «Research: The Transformative Power of Sabbaticals», *Harvard Business Review*, 22 de febrero de 2023, <https://hbr.org/2023/02/research-the-transformative-power-of-sabbaticals>.

24 Enrique Alpañés, «No, las vacaciones no solucionan el problema del *burnout*», *op. cit.*

25 Marcel Proust, *À la recherche du temps perdu.*

26 <https://www.cccb.org/es/exposiciones/ficha/suburbia/243777>.

27 <https://digitalcollections.nypl.org/items/4e0d5b10-455a-0135-04cb-5d1af24df281>.

28 Carmen López, «"Un día menos para jubilarme": por qué retirarse cuanto antes se ha convertido en una fantasía recurrente»,

*elDiario.es*, 29 de septiembre de 2024, <https://www.eldiario.es/era/un-dia-menos-para-jubilarme_1_11688712.html>.

29 *Ibid.*

30 *Deforme semanal*, <https://primavera-labels.myshopify.com/products/deforme-semanal-taza-necesito-una-ilusion>.

31 Judith Vives Bellalta, «La generación que dejó de creer en ser esclava del trabajo», *Público*, 22 de agosto de 2022, <https://www.publico.es/uwu/viral/la-generacion-que-dejo-de-creer-en-ser-un-esclavo-del-trabajo/>.

32 *Ibid.*

33 Carla Izcara, «La memoria de Nou Barris más allá del 47», *Alba Sud*, 15 de octubre de 2024, <https://www.albasud.org/blog/es/1751/la-memoria-de-nou-barris-mas-alla-del-47>.

34 «A la huelga», Chicho Sánchez Ferlosio, <https://www.cancioneros.com/letras/cancion/10279/a-la-huelga-rolando-alarcon>.

## Si yo fuera rica

1 Raquel Peláez, *Quiero y no puedo*, *op. cit.*

2 <https://jour2fete.com/film/merci-patron/>.

3 <https://fr.wikipedia.org/wiki/La_Samaritaine>.

4 María Luisa Zotes Zianca, «Reabre La Samaritaine, los grandes almacenes más bonitos de París», *Condé Nast Traveler*, 24 de junio de 2021, <https://www.traveler.es/viajeros/articulos/de-compras-por-el-nuevo-la-samaritaine/21254>.

5 <https://fr.wikipedia.org/wiki/C%C3%A9sar_du_meilleur_film_documentaire>.

6 Raquel Peláez, en *Quiero y no puedo* (*op. cit.*), cita *La España invisible* de Sergio Fanjul.

7 CIS, *Barómetro de septiembre 2024. Avance de resultados* [informe], <https://www.cis.es/documents/d/cis/es3474mar_a>.

8 Pregunta exacta: «Actualmente, entre todos/as los/as miembros del hogar (incluido Ud.) y por todos los conceptos, ¿de cuántos ingresos al mes disponen en su hogar, después de la

deducción de impuestos (o sea, ingresos netos)?». CIS, *Barómetro de septiembre 2024*, *op. cit*.

9 Antonio Jesús Sánchez Fuentes, «Estructura y evolución de la población en España. Composición y características de los hogares», *Observatorio de familia 2024*, vol. I, Acción Familiar, <https://accionfamiliar.org/2024_junio_observatorio_vol-i/>.

10 Este texto, con algunas variaciones, lo publiqué en Instagram en 2024, <https://www.instagram.com/p/C_ANx1dqNsf/>.

11 <https://marinadecancollet.substack.com/>.

12 Pablo Sierra del Sol y Marcelo Sastre, «Marina Ribas, dietista: "Después de doce horas trabajando, ¿quién soy yo para juzgar a quien pide comida a domicilio?"», *elDiario.es*, 20 de agosto de 2024 (actualizado el 21 de agosto de 2024), <https://www.eldiario.es/illes-balears/sociedad/marina-ribas-dietista-despues-doce-horas-trabajando-juzgar-pide-comida-domicilio_1_11599115.html>.

13 Entrevista a Pepe Mujica. Jack Nicas, «"Eres libre cuando escapas a la ley de la necesidad"», *op. cit*.

14 «El 10 % de las personas más ricas en España concentra más de la mitad de la riqueza nacional», *RTVE Noticias*, 15 de enero de 2024, <https://www.rtve.es/noticias/20240115/10-personas-mas-ricas-espana-concentra-mas-del-53-riqueza-nacional/15916698.shtml>.

15 «Diverflación: el espíritu del carpe diem se afianza en nuestro consumo», *El Blog de Caixabank*, 23 de septiembre de 2024, <https://blog.caixabank.es/blogcaixabank/diverflacion-que-es/>.

16 Dato de 2023. Javier Romera, «El consumo de carne y pescado se hunde casi un 15 % por la fuerte subida de los precios», *El Economista*, 5 de enero de 2023, <https://www.eleconomista.es/retail-consumo/noticias/12098246/01/23/El-consumo-de-carne-y-pescado-se-hunde-casi-un-15-por-la-fuerte-subida-de-los-precios.html>.

17 Entrevista a Pepe Mujica. Jack Nicas, «"Eres libre cuando escapas a la ley de la necesidad"», *op. cit*.

## Más tiempo para todas

1 André Breton, *Nadja*, Gallimard, 1998.

2 Juanjo Villalba, «Remedios Zafra: "Reapropiarnos del tiempo implica no solo reducir jornadas, sino una nueva filosofía del trabajo»», *elDiario.es*, 28 de mayo de 2024, <https://www.eldiario.es/era/remedios-zafra-el-informe_128_11401940.html>.

3 Texto originalmente publicado el 23 de agosto de 2024 en Instagram mientras preparaba el libro, <https://www.instagram.com/p/C_ANx1dqNsf/>.

4 «Duralex se reinventa en una cooperativa para evitar el cierre», *Expansión*, 21 de agosto de 2024, <https://www.expansion.com/empresas/industria/2024/08/21/66c60860468aebd63c8b4595.html>.

5 «... la llamada "generación sándwich", una generación de mujeres que, pasados los 35 años, se encuentran cuidando a dos bandas a pequeños y mayores». Selma Tango, «Generación sándwich, cuando las mujeres cuidan a dos bandas», *El Salto*, 6 de diciembre de 2022, <https://www.elsaltodiario.com/cuidados/generacion-sandwich-cuidados-mayores-infancia-mujeres-desigualdad>.

6 Laura Olías, «Los nuevos permisos laborales para cuidar a familiares y convivientes echan a andar: "No los conocía"», *elDiario.es*, 22 de octubre de 2023, <https://www.eldiario.es/economia/nuevos-permisos-laborales-cuidar-familiares-convivientes-echan-andar-no-conocia_1_10604299.html>.

7 Paul Lafargue, *El derecho a la pereza*, *op. cit.*, p. 143.

8 *Ibid.*, p. 128.

9 «Elon Musk defiende la semana laboral de 80 horas: "Nadie ha cambiado el mundo en 40 horas semanales"», *elDiario.es*, 28 de noviembre de 2018, <https://www.eldiario.es/rastreador/elon-musk-horas-semanales-nadie_132_1162102.html>.

10 <https://en.wikipedia.org/wiki/Factories_Act_1847>.

11 Paul Lafargue, *El derecho a la pereza*, *op. cit.*, p. 144.

12 <https://worktimereduction.com/our-mission/>.

13 The European Work-time Network, *Manifesto*, <https://worktimenet.eu/why-now/>.

14 Belén Lorente, «“Por fin es jueves”: así es el proyecto piloto de la jornada laboral de cuatro días flexible en Portugal», *RTVE Noticias*, 21 de febrero de 2024, <https://www.rtve.es/noticias/20240221/proyecto-piloto-jornada-laboral-cuatro-dias-flexible-portugal/15972347.shtml>.

15 Tereixa Constenla, «La salud mental de los portugueses mejora con la semana laboral de cuatro días», *El País*, 10 de febrero de 2024, <https://elpais.com/economia/negocios/2024-02-10/la-salud-mental-de-los-portugueses-mejora-con-la-semana-laboral-de-cuatro-dias.html>.

16 Laura Martínez, «València constata que trabajar cuatro días mejora la salud y reduce el estrés y la Generalitat de PP-Vox elimina las ayudas», *elDiario.es*, 20 de octubre de 2023, <https://www.eldiario.es/comunitat-valenciana/valencia-constata-trabajar-cuatro-dias-mejora-salud-reduce-estres-generalitat-pp-vox-elimina-ayudas_1_10603853.html>.

17 «La prueba de jornada de cuatro días en Valencia mejoró la salud, redujo la contaminación pero perjudicó al comercio», *El País*, 17 de octubre de 2023, <https://elpais.com/economia/2023-10-17/la-prueba-de-jornada-de-cuatro-dias-en-valencia-mejoro-la-salud-redujo-la-contaminacion-pero-perjudico-al-comercio.html>.

18 Helen Hester, *Después del trabajo*, *op. cit.*

19 Tereixa Constenla, «La salud mental de los portugueses mejora con la semana laboral de cuatro días», *op. cit.*